성공한 리더십 실패한 리더십

성공한 리더십 실패한 리더십

초판 1쇄 인쇄 2006년 11월 10일
초판 1쇄 발행 2006년 11월 20일

지은이 김욱
펴낸곳 뜻이있는사람들
펴낸이 김욱
본문디자인 김성엽
마케팅 김청운

등록번호 제16-2943호
주소 서울시 광진구 구의동 251-68 1층
전화 (02)6328-0323
팩스 (02)6328-0323
이메일 skw1118@hanmail.net

ISBN 89-90629-10-1   03830
뜻이 있는 사람들

값은 뒤표지에 있습니다.
잘못 만들어진 책은 구입하신 서점에서 교환해 드립니다.

플루타르크영웅이 전해주는 최고의 리더십

성공한 리더십
vs
실패한 리더십

김욱 지음

뜻이있는사람들

들어가는 말

진정한 리더십은 무엇인가

리더십의 본질적인 의미에 대하여

명(明)제국을 개국한 주원장(朱元璋)은 지도자로서의 덕목으로 단연 '인(忍)'을 첫 손에 꼽았다. 여기서 인이란 세 가지로 해석할 수 있는데, 첫째, 자신이 처한 환경에 적응하는 인내력이며, 둘째, 적들에 대한 잔인(殘忍)이며, 셋째, 부하에 대한 용인(容忍)이다.

이 세 가지 덕목이 일개 탁발승에 불과했던 주원장을 명나라의 태조로 만들었고, 인류 역사상 가장 광활한 영토를 지배해온 몽고제국을 무너뜨렸다. 반면에 몽고제국은 칭기즈칸 이후 지도자들의 거듭된 실정(失政)으로 100여 년만에 역사 속으로 사라지는 비운을 맞고 말았다.

지도자의 덕목, 다시 말해 한 단체를 이끌어 나가는 자의 덕목을 일컬어 통상 리더십이라 부른다. 이 리더십은 그가 이끄는 집단의 명운은 물론이고, 리더 개인의 일생마저 좌우할 수 있는 인간 고유의 신념이자 좌표이다. 그렇기 때문에 리더십은 넓은 의미에서 집단의 우두머리가 구성원들의 생존권을 담보로 험난한 세상풍파를 이겨내고 마침내 목적지까지 무사히 도착하는 명령권으로 해석될 수도 있으며, 좁게는 단 한 번뿐인 인생의 주권자로서 한 개인이 자신의 운명을 스스로 결정하는 천부적인 권리라고도 부를 수 있는 것이다.

일반적인 우리네 인식처럼 국가의 지도자나 대기업의 수장에게만 리더십이 필요한 것은 아니다. 현재 우리가 서 있는 사회적 입장에 관계없이 모든 인간에게는 반드시 리더십이 필요하다. 그 이유는 타인과 집단을 인도하기 전에 개인적인 사생활부터 올바로 이끌어야 하며, 그런 의미에서 우리 모두는 자기 삶에 대한 리더로 인정받은 자들이기 때문이다.

현 시대가 리더십이 결여된 시대로 지탄받는 까닭은 리더십의 궁극적인 목표를 비즈니스적인 경영처세와 국가 지도자의 선출에 한정시켜왔던 탓도 크다. 리더십은 우리 각자가 자기 삶의 주권을 부르짖으며 창출해나갈 때, 국가 및 기업에서도 제대로 싹틀 수 있다.

그러나 안타깝게도 우리 사회는 리더를 소수의 부류로 국한시켰고, 나머지 다수의 삶을 수동적으로 집단화시켰다. 그 결과 우리는 참다운 리더를 지목하는 시야를 잃어버렸고, 우리에게 필요한 리더가 누구인지를 선택하는 권한마저 스스로 내놓고 말았다. 이는 우리 스스로가 각자의 삶에서 리더십을 포기했다는 의미이기도 하다.

이 같은 리더십의 참다운 의미를 이해하기 위해서는 먼저 인간이 어떤 존재인지를 알아야 하고, 인간이 어떤 존재인가를 아는 것은 리더십의 진정한 가치를 이해하고 적용하는 준비단계라고 봐야 할 것이다.

사람들은 흔히 관리능력을 리더십과 혼용하는 경우가 많은데, 관리능력이란 조직의 목표를 달성하기 위해 사람들과 함께 일하거나, 그들을 통해 목표를 수행하는 것이며, 리더십이란 목표와는 상관없이 인간의 전반적인 행동을 지배하는 힘이다. 우리가 추구해야 할 리더십은 자신의 삶을 뛰어넘어 다른 사람들에게까지도 영향을 미치는 힘의 원천이다.

이 책은 AD 117년경 쓰여진 불후의 명저 《플루타르크 영웅전》에 등장하는 인물들의 삶과 행동양식을 바탕으로 쓰여졌다. 동서고금에 수많은 인물들이 출현했고, 역사적인 사건들이 빈번했으나, 오늘날까지도 인간의 전형으로서 성공과 실패의 단면을 여과 없이 보여주는 실례로는 이 영웅전에 등장하는 인물들만큼 확실한 경험담도 드물다.

그들은 나약한 정욕에 시달리는 인간이었으며, 고대 그리스와 로마의 지도자였고, 수많은 전쟁에서 승리한 영웅이었으며, 민중의 지탄을 받아 권좌에서 쫓겨난 실패자로 기억되고 있다. 인생에서 맛볼 수 있는 온갖 환희와 굴욕과 상쟁과 존경을 몸소 체험한 자들의 기록이 바로 《플루타르크 영웅전》이 지니고 있는 가치이다. 이런 가치야말로 인류의 역사가 지속되는 한, 언제까지나 반복되어 인류의 기억 속에서 회상될 리더십이 될 것이라고 확신한다. 또한 우리가 이 책에서 거론하고픈, 즉 단순한 경영자적 리더십을 뛰어넘어 인간의 고유한 인성과 품격을 드러내는 개인적 측면에서도 플루타르크의 기록은 더없이 완벽한 교과서이자 지침서의 역할을 수행하고 있다.

리더, 쟁취하려는 자의 욕망

이 책에 등장하는 영웅들의 시대는 문명의 2대 근원지라 불리는 그리스와 로마다. 인류 문명이 최초로 꽃피운 '황금의 시대'를 살아간 인간군상들의 모험과 진보는 오늘날을 살아가는 우리들이 감히 상상도 못할 만큼 긴박한 스릴과 인간적인 고뇌의 시기였을 것이다. 그 시기를 몸소 헤쳐나간 그들의 삶을 되돌아보는 것이야말로 혼탁의 시대를 살아가는 우리들이 참고할 수 있는 최고의 리더십이 될 것이다.

앞서 밝힌 대로 이 책을 통해 우리는 단순한 리더십뿐만이 아니라 인간이 갖춰야 할 모든 덕목과 실패의 이유 등을 하나하나 살펴볼 것이다. 국가의 경영부터 나라간의 전쟁, 법과 질서의 확립에서 남녀간의 사소한 애정문제까지 인생에서 선택과 결정이 필요한 모든 방향들을 다루게 될 것이다.

그 이유는 진정한 리더십이란 집단에 귀속되어 습득되고 배양되는 메카니즘적 관점으로는 한계가 있기 때문이다. 리더십의 올바른 통찰은 리더의 개인적인 삶에서도 그 양상을 나타내기 마련이므로, 이 같은 천부적인 관점에서 바라보는 것이 보다 합리적이고 정확한 판단을 내릴 수 있다고 생각했다.

최고의 리더십이란 집단 구성원이 공유하고 있는 기본적인 원칙에 끌려가기보다는 자신의 양심에 바탕을 둔 주관적인 철학을 실현시킴으로써 집단의 생로(生路)를 트이게 하는 데서 발견되어야 마땅하다. 이는 플라톤이 《국가》에서 주창하는 리더의 자질과도 일맥상통한다. 그러므로 리더십을 평가할 때는 세부적인 국면만 놓고 살펴봐서는 곤란하다. 그것은 결과론적인 단면만을 제시할 뿐, 미래를 통찰하는 예지능력이 결여되어 있기 때문이다.

리더의 전생애를, 가장 사소한 부분일지라도 통틀어 관찰하고 판단하는 것이 올바른 리더십을 평가하는 잣대가 될 수 있다고 믿는다. 따라서 리더십에 대한 정의는 집단을 이끄는 통솔력과 문제

해결능력은 물론이고, 개인적인 인격과도 상당한 개연성을 갖고 있어야 한다 그리고 이러한 평가 대상을 발굴하는 데 있어 이 책에 등장하는 영웅들만큼 적합한 역할 모델은 없다고 확신한다.

  이들 영웅들은 크게는 일국의 지도자였으나, 작게는 자신의 삶을 지배하고, 더 나아가서는 다른 이들의 삶에 영향력을 행사했던, 우리 시대가 필요로 하는 진정한 리더의 전형이라고 생각되기 때문이다.

2006년
김 욱

들어가는 말 진정한 리더십은 무엇인가 _4

1

테세우스와 로무루스

창업자의 두 가지 선택

권위와 권위주의 17
비주류로서의 고난에 참여하라 20
미약한 시작은 강력한 의지를 낳는다 22
이슈를 창조하라 23
마음을 사라 25
왕의 아들, 혹은 민중의 지지 26
위기를 자초하라 28
갈등의 배경은 갈등의 해결책 30
어릿광대의 광기 33
흐르는 물은 바다를 만난다 35
포퓰리즘의 미학은 대중성이다 36
조직은 거대한 기계다 38
신분적 장애를 동기부여로 활용하라 39
새로운 도시의 건설 41
하극상을 경계하라 42
불만에 적극적으로 대처하라 44
상대방의 심리를 이용하라 46
먼길은 나눠 걷는다 48
끊임없이 과제를 제시하라 50
리더로서 무엇을 해야 하는가 52
복종과 순종의 차이 55

| CONTENTS

2 리쿠르고스와 파비우스
내부의 적을 물리칠 때와 외부의 적을 물리칠 때

다스리는 것과 물리치는 것　59
실패의 과정을 관찰한다　62
밖에서 안을 보다　64
전쟁터를 휴게실로 만들어라　66
리더는 구성원의 욕망을 컨트롤해야 한다　68
내부의 적을 짓밟아라　70
뛰어난 의사는 뛰어난 처방전을 갖고 있다　72
세균의 잠복기를 주의하라　74
공포는 마음에서 비롯된다　76
안에서부터 이겨라　78
전술의 운용보다 이해가 먼저다　81
숨어있는 의지를 끌어내라　84
통찰력 - 가까운 곳을 넓게 보는 힘　85
대외적인 너그러움을 보여라　87
외부의 적과 내부의 적　89

3 술라와 테미스토클레스
우울한 욕망과 권력의 본질

성격이 리더십에 미치는 영향 95
리더의 가치관이 결정한다 97
혈통은 반드시 계승된다 99
작은 기회도 크게 만들어라 100
단점을 보완하지 말고, 장점을 극대화하라 102
명예와 실리-동전의 양면 103
욕구는 가장 훌륭한 멘토(Mentor)다 107
상대방의 실책을 유도하라 108
적의 자비는 받되, 적을 용서하지는 않는다 111
먼저 내쳐라 113
무조건 성공만을 기대하라 115
위험순위를 책정하라 116
한계를 파악하고 주저 없이 내려온다 119
자신의 위치를 긍정하라 121
개성에 충실하라 123
한 사람씩 포섭하고, 한 사람의 적만 만들어라 124
불가능하다는 생각을 버려라 127
작은 것을 주고, 큰 것을 요구한다 128
사명감과 카리스마 130
유리한 곳에서 싸워라 132
겸손함은 신뢰의 기초 134

CONTENTS

4 시저와 알렉산더
선과 악의 딜레마

성자의 길과 악마의 길 139
왜 시저와 알렉산더인가? 142
왜 지배해야 하는가 143
승리를 추적해야 하는 이유 145
공격목표 146
변화의 필요성 149
철학적 승리와 승리를 위한 예술 151
승리를 훔치고 싶지는 않다! 154
'만약' 이라고 말하는 자들을 경계하라 156
왔노라, 보았노라, 그리고 이겼노라 158
1승부터 노려라 161
시대와 조직이 요구하는 유연성에 귀기울여라 164
시대를 읽는 능력이 탁월했던 시저 167
권한을 행사하기 전에 마음부터 사로잡아라 170
위기의 순간마다 유연성에 주목하라 172
광기도 리더십이 될 수 있다 175

5 브루투스와 안토니우스
후계자의 두 가지 선택

시대는 계속해서 몰락한다 179
통치의 기술 180
파괴적 히스테리 183
사자와 여우 191
고뇌형 리더 195
머리와 마음이 따로 노는 고뇌형 리더 198
정직한 마음과 거짓된 입술 201
행동하는 인간 204
세월은 가장 큰 적이다 207
리더는 스스로 운명을 결정해야 한다 209
재수가 좋은 것도 능력이다 211
선택의 폭 – 브루투스 213
선택의 폭 – 안토니우스 216
명분의 중요성 218
위협, 몸부터 숨겨라 220
혼란은 행동하는 리더의 기회다 222
장례식날 아침의 비극 224
브루투스와 안토니우스의 말로 226
후계자 선택의 중요성 228

맺음말 시대가 원하는 리더의 조건 230

1

테세우스와 로무루스
창업자의 두 가지 선택

1
창업자의 두 가지 선택

테세우스와 **로무루스**

권위와 권위주의

리더의 입장에서 가장 절실한 충족조건은 뭘까. 그것은 아마도 권위일 것이다. 리더가 갖출 수 있는 권위는 두 가지 종류다. 첫째는 사람들로부터 얻어지는 존경이고, 둘째는 억압을 통해 스스로 쟁취하는 공포다. 전자는 리더에게 영광을 주고, 후자는 리더에게 만족을 준다. 존경으로부터 얻어지는 권위는 쉽게 사라질 수 있지만, 공포로부터 착취되는 권위는 지속적이다.

개인적인 성향이 강한 리더일수록 구성원들이 보여주는 감상적 존경에 현혹되기 쉽다. 그가 보여주는 권위는 위엄보다 자애에 가깝고, 그 실천방법 또한 반복되는 자기희생을 통해 드러난다. 이런 종류의 리더십은 자신에게 호의적인 우호집단과 비판적인 견제세력을 명백히 구분하는 위험성이 내포될 수밖에 없다.

그는 자신의 눈물이 사람들의 감성을 어떻게 자극하는지 본능적으로 체감하고 있다. 그 때문에 구성원들이 더 이상 자신을 바라보며 감정적인 동요를 보이지 않을 때 상당한 위기의식을 느낀다. 따라서 이런 종류의 권위를 추종하는 리더들은 끊임없이 사람들 앞에서 자신을 내세워야 한다는 강박관념에 시달리고, 보다 획기적인 발상으로 구성원들을 탄복시켜야만 권위가 지켜진다는 환상에 빠진다. 이것도 일종의 스트레스이므로 가끔은 거울을 보다가 어릿광대처럼 변해버린 자기 모습에 연민을 느껴 광폭하게 돌변할 때도 있다.

반면에 집단주의를 신봉하는 리더들은 다분히 이성적이다. 그들에겐 과정보다 결과가 더 중요하다. 권위가 필요하다고 판단되면 그 과정이야 어찌 됐든 원하는 결과를 얻어내야만 안심이 된다. 집단주의가 팽배한 단체일수록 내부적인 공포분위기가 사람들의 의식을 지배하는데, 이는 리더십이 원인인 경우가 많다. 이처럼 공포를 통해 착취되는 권위는 상당기간 지속된다는 장점이 있다. 또 이런 종류의 리더십을 구사하는 지도자는 구성원들의 의견에 귀기울여야 한다는 필요성을 거의 느끼지 못한다. 그에게 필요한 것은 사람들의 진심에서 우러나오는 존경보다는 형식적인 복종에 가깝기 때문이다.

전자의 리더가 원하는 것은 진정한 의미의 권위이며, 후자의 리더가 원하는 것은 지배목적의 수단으로 손에 쥘 수 있는 권위주의이다. 모든 리더는 권위든, 권위주의이든 지도력에 관한 당면과제로 이 같은 문제를 무척 특별하게 여긴다. 그 중에서도 창업 1세대, 다시 말해 세습되지 않은 권력을 획득한 자들에겐 무엇보다 중요한 것이 권위획득과 행사이다.

여기 두 도시의 창건자들이 있다. 한 사람은 아테네를 창건한 테세우스(Theseus)이며, 다른 한 명은 로마를 창건한 로무루스(Romulus)이다. 이들 전에도 두 도시는 이미 존재해왔으나, 아테네를 민주적 도시국가로 일변시켜 시민들에게 돌려준 테세우스와, 라틴민족을 지배해온 전제군주들을 모두 물리치고 스스로 왕위에 올라 로마라는 이름을 도시에 헌사한 로무루스는 사실상 창업주에 비견될만한 공적들을 남겼다.

테세우스와 로무루스는 여러 면에서 서로 유사한 점이 많다. 우선 둘 다 부모가 알려지지 않은 사생아의 신분이었다. 테세우스의 경우 훗날 아버지가 아테네 왕인 아에게우스로 밝혀졌으나, 성장기는 사실상 고아나 다름없었다. 로무루스는 이보다 한 술 더 떠서 늑대젖을 먹고 자랐다는 설화까지 있으니, 둘 다 비주류로서 첫발을 내디뎠다는 점에서 동일하다.

또한 사람들의 인심을 발판으로 권력을 획득했다는 점도 비슷했고, 적극적인 팽창정책으로 아테네를 그리스의 수도로, 로마를 이탈리아의 수도로 재건했다는 점에서도 유사하다. 그리고 마지막에 가서는 비참한 말로를 겪었다는 점까지 똑같다.

이 둘을 비교하는 것은 지도자가 권위를 리더십의 결과로 받아들였을 때와 통치 및 경영수단으로 권위주의를 선택했을 때의 차이를 극명하게 드러낼 수 있기 때문이며, 도시의 창건자로서 다음 세대까지 권력을 상속시키지 못한 이유도 살펴볼 수 있기 때문이다.

비주류로서의 고난에 참여하라

먼저 테세우스에 대해 살펴보자. 그의 아버지 아에게우스(Aegeus)는 아테네의 원주민으로서 왕족의 일원이었다. 우연히 여행길에 트로에젠이라는 나라에 도착한 아에게우스는 그곳에서 현자로 불리는 피테우스(Piteus)와 사귀게 된다. 아에게우스와 며칠 지내는 동안 피테우스는 아테네에서 온 젊은이가 마음에 들어 집까지 데려가는데, 아에게우스는 피테우스의 집에서 그의 딸인 아에트라(Aetra)를 만나 연정을 품게 되고, 그만 동침까지 하게 된다.

여행 중에 뜻하지 않은 치정사건을 일으킨 아에게우스는 본국인 아테네로 돌아가기 며칠 전에 아에트라를 찾아가 만일 임신하게 되어 아들을 낳으면 자기에게 보내라면서 그 증표로 신고 있던 신발과 검을 커다란 돌밑에 숨겨둔다. 그리고 아이가 커서 이 돌을 들어올릴 정도의 나이가 되면 자신이 아버지임을 밝히라고 당부했다.

아에게우스가 아에트라와 함께 아테네로 돌아가지 않은 이유는 당시 아테네의 정세가 워낙 불안정했고, 같은 왕족이자 정치적 라이벌인 파라스(Paras)에게 40여명의 형제들이 있어 언제 어느 때 목숨을 잃게 될지 장담할 수 없는 상황이었기 때문이다.

단 한 번의 불같은 사랑 때문에 아에트라는 처녀의 몸으로 임신을 했고, 아버지인 피테우스는 집안 망신을 피하기 위해 아이 아버지가 바다의 신 포세이돈이라는 소문을 퍼뜨렸다. 이것은 두 가지 측면에서 의미 있는 행동이었는데, 첫째, 자신의 딸이 겪게 될 수모를 사전에 방지했고, 외손자가 앞으로 겪게 될 정치적 풍파에도 적지 않은 도움을 주었다.

태생에 대한 의문이 때론 지도자에게 뜻하지 않은 이득으로 돌아갈 때가 있는데, 특히 테세우스처럼 내세울 것 없는 입장에서는 영웅적인 신화는 물론이고, 신의 사생아라는 비주류적인 고난의 시기들이 대중으로부터 심리적인 공감을 얻어낼 수 있는 좋은 방편이 되기도 한다.

미약한 시작은 강력한 의지를 낳는다

이렇게 열 달이 지나 아에트라는 아들을 낳았고, 이름을 테세우스라고 지었다. 아들이 장성하자 어머니는 돌무더기 밑에서 신발과 검을 꺼내 배를 타고 아버지가 계시는 아테네로 떠날 것을 당부한다. 그 무렵 아에게우스는 명목상 아테네의 왕으로 추대되었으나, 그때까지도 자식이 없었다. 아에트라는 아에게우스의 뒤를 이어 테세우스가 아테네의 왕이 되어야 한다고 말했다. 어쩌면 그녀가 명문가의 처녀로서 이방인인 아에게우스에게 몸을 맡긴 것은 훗날을 미리 예측한 권력욕에서 비롯된 것인지도 모르겠다.

그런데 테세우스는 안전한 뱃길로 가라는 어머니의 충고를 물리치고, 한사코 험난한 육로를 고집한다. 그리스의 육로는 살인마와 강도들의 소굴이나 마찬가지였다. 세상 경험이 전무한 테세우스가 육로로 아테네까지 간다는 것은 불가능했다. 외조부인 피테우스도 산적과 도둑들이 얼마나 무시무시한 인물들인지를 설명하며 뱃길로 갈 것을 권유했다.

그래도 테세우스는 요지부동이었다. 자신의 신분이 아테네의 왕족임을 알게 된 이상, 아버지의 뒤를 이어 아테네의 왕이 되어야겠다는 인생의 목적을 저버릴 수는 없었다. 그러기 위해선 아테네의 왕족들에 버금가는 대중적인 신망과 관심이 필요했다. 외할

아버지의 사전작업으로 포세이돈의 아들이라는 소문이 전 그리스에 퍼져있는 만큼, 그에 합당한 능력을 보여주기만 한다면 사생아라는 천한 신분에서 한순간에 젊은 영웅으로 등극할 수 있는 절호의 기회였다.

이슈를 창조하라

이 같은 생각을 굳힌 테세우스는 육로로 길을 떠났고, 얼마 후 페니페테스(Penipetes)라는 악명 높은 도적과 맞닥뜨린다. 페니페테스는 몽둥이로 지나가는 사람들을 때려죽였는데, 테세우스도 그와 똑같이 몽둥이를 사용해서 그를 때려죽였다. 적과 동일한 수법으로 대응해나가겠다는 전략이었다. 이것은 그를 표적으로 삼고 있는 적들에게 자신감과 불안감을 동시에 안겨주었다.

자신에게 불리한 적의 수법으로 맞상대하겠다는 테세우스의 도발은 민중의 관심을 끄는 데 성공했다. 대중적인 관심을 한 몸에 받는 자와 싸운다는 건 상대방 입장에선 그리 달갑지 않은 일이었을 것이다. 그만큼 부담감이 크기 때문이다. 테세우스는 이를 적극적으로 활용했고, 이것이 적들을 불안하게 만들었다. 그 대신 테세우스는 여론과의 약속대로 상대방과 동일한 수법을 써야만 했다. 이것은 적들에게 자신감을 불러일으켰다. 익숙하지 못한 기술로 싸우는 건 패배를 자초하는 것이나 마찬가지였기 때문이다.

그러나 테세우스는 운이 좋았다. 테세우스의 경우를 보면 지도자에겐 리더십만큼이나 운도 따라야 한다는 것을 상기하게 된다. 그는 페니페테스를 죽인 이후 사람들의 관심이 자신에게 향한다는 것을 파악하곤 그 같은 방식을 고수했고 모두 성공했다. 페니페테스의 다음 차례는 파이아(Paia)였다. 파이아는 살인을 즐기는 호색녀로 문란한 생활과 포악한 성질로 산돼지라는 별명으로 불렸다. 테세우스는 파이아를 겁탈한 후 찢어 죽였다. 또 스케이론(Skeilon)이라는 산적과 맞서 싸울 때는 자신에게 절을 하고 발바닥을 씻게 한 후 바다에 던져 죽였다. 스케이론이라는 인물은 대단히 거만한 자여서 행인들에게 발을 내밀어 씻으라고 명령하는 버릇이 있었기 때문이다. 마찬가지로 켈키온(Kelkion)이라는 도적을 죽일 때는 그가 원한대로 레슬링으로 허리를 꺾어 죽였다.

이렇듯 선량한 시민들을 괴롭히던 도적들을 차례차례 소탕하며 테세우스가 아테네에 도착하자, 아테네의 시민들은 난생 처음 보는 이방 청년에게 열광적인 지지를 보냈다. 마침내 아버지의 땅에 도착한 테세우스는 자신에게 열광하는 시민들을 바라보며 늙고 힘없는 아에게우스왕의 아들로 사는 것보다, 헤라클레스에 필적하는 그리스의 영웅으로 새로운 인생을 개척하는 편이 더 값지고 위대하다는 것을 깨닫게 된다.

마음을 사라

　그리스 전역을 흥분시키며 아테네에 발을 디딘 테세우스가 자신의 사생아일 것이라곤 꿈에도 생각지 못한 아에게우스는 이 젊은 영웅이 아테네를 찾은 이유가 혼란한 아테네 정사를 틈타 자신의 왕권을 찬탈하기 위해서라고 짐작했다. 갑작스런 경쟁자의 출현에 위기를 느낀 왕은 영웅을 맞이하는 시민대회를 개최하여 테세우스를 왕궁에 초청한다. 독살시킬 작정이었던 것이다.

　연회장에 도착한 테세우스는 태어나 처음 상봉하는 부친에게 지난날을 털어놓는 대신, 아에게우스가 돌밑에 숨긴 바로 그 칼을 꺼내 왕이 보는 앞에서 고기를 썰었다. 그 칼을 보는 순간, 이 젊은 영웅이 자신과 아에테라 사이에서 태어난 아들임을 깨달은 아에게우스는 황급히 테세우스 앞에 놓인 독주를 발로 걷어차고 힘껏 끌어안았다. 왕은 그 즉시 테세우스가 자신의 아들임을 공포했다.

　이로써 아테네 시민들은 테세우스에게 약간이나마 품고 있던 의심들을 모두 털어 버렸다. 포세이돈의 아들로 불리는 젊은 청년이 늙고 병든 왕의 숨겨둔 아들이었다는 것이 밝혀지면서 테세우스에 대한 여론의 지지는 더욱 높아졌다. 신분적으로 왕의 유일한 독자였으며, 다른 권력층들과 달리 몸소 시민의 편이 되어 도적들을 소탕했고, 자신의 신분을 숨긴 채 정의의 편에 섰던 젊은 테세우스가 방만한 정치를 바로잡아 백성들을 구원해줄 유일한 대안으로 떠오른 것이다. 이는 테세우스가 어머니의 집을 떠나면서 마음속으로 계획했던 꿈이 그대로 실현된 것이었다.

그러나 곧 정적들이 모습을 드러냈다. 아에게우스의 정치적 라이벌인 파라스 일족이 사생아에게 왕권을 물려줄 수는 없다고 반기를 든 것이다. 이들은 자식이 없는 아에게우스왕이 죽으면 고스란히 자기 일족에게 정권이 이양될 것으로만 생각해왔는데, 뜻밖에도 테세우스가 나타나면서 아에게우스의 계승자가 됨은 물론이고, 민중의 지지까지 한꺼번에 독차지하자 심각한 위기감을 느끼게 되었다.

하지만 여론은 이미 테세우스의 편이었다. 그 동안 재산이나, 가문 등 무엇 하나 내세울 것이 없던 테세우스는 여론의 지지야말로 자신 같은 처지에겐 가장 강력한 무기라는 것을 실감했고, 그 여론은 이미 테세우스를 새로운 아테네의 지도자로 여기고 있었다. 정세가 생각보다 불리하다는 것을 깨달은 파라스 일족은 야밤을 이용해 급습하기로 결정했다.

왕의 아들, 혹은 민중의 지지

리더에게 여론의 지지가 얼마나 중요한지 테세우스만큼 확실하게 보여주는 경우도 드물다. 여론의 절대적인 지지는 상대방 진영의 붕괴까지 초래한다. 물질이나 세력 같은 외형적인 힘에서 막강하더라도 구성원의 지지가 부족할 때 같은 편의 심리적인 동요가 일어나기 때문이다. 특히 파라스 일족처럼 집단의 성격이 구성원 간의 동일한 신념보다는 다분히 이익적인 목적으로 규합되었을 경우 더욱 그러하다.

파라스 일족은 아테네 귀족만 40명이 넘게 참여하는 주류세력이었고, 테세우스는 단신이었다. 아버지인 아에게우스는 명목상의 왕에 불과했다. 그의 손에서 권력의 그림자가 사라진지 이미 오래였다. 이처럼 절대적으로 불리한 상황에서도 여론은 테세우스의 손을 들어줬고, 파라스 일족에서 여론의 향방에 불안을 느낀 이탈자들이 나오기 시작했다. 그들은 몰래 테세우스에게 급습을 경고했다. 이에 테세우스는 한밤중에 시민대회를 열어 파라스 일족의 비겁한 계획을 폭로했다.

가뜩이나 귀족들의 정치체제에 염증을 느끼고 있던 시민들의 분노가 이 일을 계기로 한꺼번에 폭발했다. 누가 먼저랄 것도 없이 군중은 각자 무기를 들고 파라스 일족이 매복해 있는 곳으로 달려갔다. 이 소식을 들은 파라스군은 모두 뿔뿔이 흩어졌다.

시민들의 도움으로 손쉽게 정적을 제거한 테세우스는 다시 한 번 여론의 힘을 뼈저리게 절감했다. 허울좋은 왕권이나 귀족이라는 명패보다 민중의 지지야말로 자신처럼 아무것도 가진 것이 없는 청년도 아테네의 수호자로 만들 수 있다는 사실을 분명하게 자각한 것이다. 테세우스는 그날 밤중으로 광장에서 집회를 열고 이번 승리는 테세우스의 승리가 아닌, 아테네의 승리이며 민중의 승리라고 선포했다. 그리고 자신은 아테네의 왕이 될 생각이 없으며, 아테네는 오직 시민들의 것이라고 말했다. 자기가 파라스와 싸운 이유도 정치적인 동기는 없었고, 다만 시민들에게 아테네를 돌려주기 위해 시민의 한 사람으로서 전투에 참여했을 뿐이라는 말도 빼놓지 않았다.

이 사건을 계기로 테세우스에 대한 아테네 민중의 지지는 절대적이었다. 그들은 테세우스가 진심으로 민중을 위해 싸우는 투사이며, 시민들의 편이라고 확신했다. 그러나 테세우스의 목적은 어디까지나 아테네의 영원한 지도자로 기억되는 것이었다. 여기에서 테세우스는 헤어나올 수 없는 늪에 빠지게 된다.

위기를 자초하라

아테네 시민의 민심을 얻은 테세우스는 아버지인 아에게우스가 아직 왕이었지만, 사실상 아테네의 최고 권력자였다. 그에게 권력은 여론의 지지와 동일했다. 그 여론이 자신으로부터 멀어질 때

주어진 권력도 사라질 것이라는 점을 테세우스는 깨닫고 있었다.

권력을 행사하기 위해서는 시민들의 지지를 지속적으로 유지하는 것이 필요했다. 테세우스는 마라톤 평야를 공포로 몰아넣은 황소를 죽이거나, 델피의 아폴로 신전에서 어마어마한 규모의 제사를 열거나, 시민들의 세금을 줄여주는 것 같은 공약들을 남발했다.

마침 그 해는 9년마다 크레타왕국의 미노스왕에게 어린 소년과 소녀를 일곱 명씩 바쳐야 하는 해였다. 이 같은 세금을 바치게 된 동기는 크레타왕국의 왕자 안드로게우스가 아테네 인근에서 암살되는 사건이 벌어졌는데, 분노한 미노스왕이 군대를 이끌고 아테네를 공격해 엄청난 피해를 입었다. 이에 크레타와 아테네 사이에 휴전협정을 맺는 자리에서 미노스왕은 휴전의 조건으로 9년마다 소년, 소녀를 요구했고, 아에게우스왕은 어쩔 수 없이 이 조건을 받아들였다.

테세우스가 아테네에 도착했을 때는 세 번째 기한이 다가오고 있었다. 또다시 델피의 신전에서 제비뽑기가 이루어졌다. 자녀가 제물로 뽑힌 가정마다 거리로 뛰쳐나와 아에게우스왕과 테세우스를 저주했다. 여론은 순식간에 급변하여 전쟁에 패배해 화를 자초한 왕이 정작 자기는 타국에서 부정하게 얻은 아들을 왕자로 삼았다고 원망하기 시작했다.

이러한 원성을 들은 테세우스는 자기가 직접 제물이 되어 크레타왕국으로 가겠다고 자원했다. 크레타왕국에는 라비린트라는 미궁이 하나 있는데, 이곳에 미노타우로스로 불리는 반은 사람이고 반은 소의 형상을 해괴한 짐승이 산다는 것이었다. 들리는 소문에 의하면 미노스왕은 아테네에서 보낸 소년과 소녀를 이 괴물에게 먹이로 준다는 얘기였다. 그러나 이는 어디까지나 소문일 뿐, 실제로는 노예로 삼았다고 한다. 9년에 한 번씩 크레타왕국에서 올림픽이 열렸고, 아테네에서 온 아이들이 매매되었다는 것이다.

이렇게 해서 테세우스도 크레타왕국으로 향하는 배편에 올랐다. 늙은 아에게우스왕은 눈물로 아들을 전송했다. 테세우스는 아테네 사람들 앞에서 자기는 반드시 돌아올 것이며, 오늘 함께 떠나는 소년, 소녀들도 데리고 올 거라고 시민들 앞에서 약속했다. 또한 미노스왕과 담판을 지어 두 번 다시 이 같은 불행이 아테네를 덮치지 못하도록 막아내겠다고 다짐했다. 하지만 아테네 시민들은 테세우스가 허세를 부린다고 생각했다. 아테네군도 막아내지 못한 미노스왕을 테세우스 혼자 감당하겠다는 것은 말이 안 된다고 여겼다.

갈등의 배경은 갈등의 해결책

배는 죽음을 상징하는 검은 돛을 달고 출항을 준비했다. 테세우스는 자신이 살아 돌아올 경우 흰 돛을 달고 오겠다고 마지막으로 한 번 더 외쳤다.

사가(史家)들에 의하면 이 미노타우로스는 괴물이 아니라 미노스왕이 아끼는 장수였다고 한다. 힘이 소처럼 세서 '황소'라는 별명으로 불렸는데, 이것이 와전되어 반은 사람이고 반은 황소인 괴물로 묘사되었던 것 같다.

크레타왕국에 도착한 테세우스 일행은 올림픽 축제에 앞서 노예로 매매될 처지에 놓였다. 미노스왕을 비롯한 크레타왕국의 모든 귀족들이 모인 앞에서 노예매매가 시작되었고, 곧이어 테세우스의 차례가 되었다. 그러자 테세우스는 미노스왕에게 자신은 아에게우스왕의 아들인데 왕이 어떤 조건을 내걸든 반드시 성사시킬 테니, 더 이상 양국간에 이 같은 인륜을 무시한 거래가 오가서는 안 된다고 말했다. 테세우스의 소문을 들은 미노스왕은 이 당돌한 제안에 흥미를 느껴 미노타우로스와 싸워서 이기면 제안을 받아들이겠다고 했다.

테세우스와 미노타우로스는 크레타왕국의 올림픽 경기장에서 레슬링과 달리기, 창던지기, 권투 등을 시합했고, 테세우스가 모두 이겼다. 미노스왕은 크게 기뻐하며 아테네와 크레타간에 맺었던 휴전협정은 오늘부로 파기하고 양국은 새로운 평화협정을 맺게 될 것이라고 선포했다. 당시 미노스왕은 군부의 핵심 권력을 손에 쥔 미노타우로스를 은근히 경계하고 있었다. 그러던 차에 테세우스가 크레타의 귀족들 앞에서 미노타우로스를 보기 좋게 꺾어주자 그 자리에서 테세우스 일행을 돌려보내기로 결정한 것이다.

　무사히 살아서 돌아가는 것은 물론이고, 오랫동안 골머리를 썩혀온 크레타와의 분쟁까지 해결한 테세우스는 크게 고무되었다. 미노스왕의 대접을 받으며 올림픽이 끝날 때까지 크레타에 머물기로 한 테세우스의 눈에 미노스왕 곁에 앉아있는 아리따운 아가씨가 띄었다. 미노스왕의 딸이며, 크레타왕국의 공주인 아리아드네였다. 아리아드네도 젊고 잘생긴데다 우락부락한 미노타우로스마저 꺾은 테세우스에게 호감을 느끼기는 마찬가지였다. 두 사람은 금새 사랑에 빠졌고, 아리아드네는 아버지인 미노스왕을 속이고 테세우스와 함께 아테네로 갈 것을 결심했다.

　아리아드네와 함께 아테네로 출발한 테세우스는 중간에 사랑이 식었는지 배를 키프러스로 돌려 그곳에 아리아드네를 내려놓고 다시 아테네로 떠났다. 그 이유는 여러 가지 설이 있으나, 아마도 아테네 본국의 여론을 의식했기 때문인 것으로 보인다. 9년마다 제물로 바쳐지던 소년·소녀들을 살려냈고, 크레타와 평화협정까지 맺는 결실을 맺었지만, 그 모든 성과가 아리아드네 한 사람 때문에 물거품이 될 수도 있었기 때문이다. 테세우스는 아리아드네로 인해 정적들이 그 절체절명의 순간에 계집질이나 하고 돌아다녔다는 여론을 확산시킬까 두려워했다.

어릿광대의 광기

테세우스에게 권력이란 여론의 지지, 그 이상도 그 이하도 아니었다. 사생아라는 신분상의 한계를 딛고 거의 맨손으로 아테네 최고의 권력자에 오른 그에게 힘은 곧 여론이었다. 따라서 테세우스는 일의 결과보다 여론의 반응에 더욱 집착했다. 그것이 비록 사랑일지라도 자신의 대중적 지지를 훼손시킬 우려가 있다면 과감히 제거하는 비정함도 서슴지 않았다.

대중적인 명성이 권력의 목적이라고 생각하는 사람들은 종종 테세우스가 빠졌던 늪에 발을 디디곤 한다. 테세우스가 보여준 리더십은 여론의 존경과 획득을 통해 유지되었는데, 그가 여론을 획득하기 위해 사용한 수단들은 대부분 다수의 마음을 감동시키는 감상주의에 기반을 두고 있었다. 정의를 위해 도적떼를 물리친다든가, 부자간의 극적인 상봉 등은 테세우스가 자주 애용한 전형적인 감상적 리더십이었다. 그는 정적을 물리칠 때마저 정치적 야심은 숨긴 채 정적이 비열하게도 밤에 자신을 급습하려 했다며 사람들의 울분을 자극하는 고도의 심리전을 펼쳤다.

미노스왕의 제물 또한 마찬가지였다. 테세우스는 이것이 외교적인 문제라는 것을 처음부터 인식하고 있었다. 그러나 테세우스는 자신의 지지세력을 결집시키기 위해 외교적인 수사는 모두 제외하고 인도주의로 몰아갔다. 살아 돌아오면 흰 돛을 달겠다느니, 내가 먼저 제물이 되겠다느니 하는 말로 외교문제가 아닌, 가족간의 사랑을 지키기 위해 희생하는 모습을 군중에게 보여준 것이다.

이렇듯 감상적인 권위로 아테네를 다스린 테세우스였건만, 실제의 삶은 정반대였다. 구성원이 무엇을 원하는지 너무나 적나라하게 파악하고 있던 테세우스는 그들이 꿈꾸는 완벽한 성군을 연기했다.

그러나 이것은 어디까지나 연기에 불과했다. 테세우스는 성욕을 채우기 위해 여인들을 자주 납치했다. 아리아드네는 그 시작이었다. 한 번 죄의 맛에 길들여진 그의 욕망은 아테네의 민주적 통치자라는 명성에 걸맞지 않게 지저분하고 추악했다. 여인들의 나라 아마존을 정복한 후 추장인 안티오페를 능멸했고, 고향인 트로에젠에서 아낙소라는 여인을 납치했으며, 친구의 아내인 케르키온을 죽이고 그 딸들을 강제로 취하는 등 군중 앞에 드러난 성자적인 생활과 실제의 사생활에서 큰 괴리를 보였다.

테세우스는 난잡한 사생활을 여론으로부터 감추기 위해 더 큰 범죄를 저지를 수밖에 없었다. 그러나 이 같은 범죄를 숨긴다는 것은 애초부터 불가능했다. 마침내 이 같은 과오가 폭로되어 아테네는 믿었던 지도자에 대한 불신으로 혼란에 휩싸였다. 테세우스는 그간의 모든 공로와 영광을 일순간에 빼앗겼다. 그리고 자신이 강간한 어린 소녀의 가족들에게 납치되어 먼 타국의 절벽 밑으로 떠밀려 죽고 말았다.

흐르는 물은 바다를 만난다

무사히 아테네에 도착한 테세우스는 실수였는지, 아니면 더욱 극적인 순간을 연출하고 싶어서였는지, 살아 돌아올 때 흰 돛을 달겠다는 약속을 잊어버리고 검은 돛을 단 채 항구에 배를 정박했다. 아에게우스왕은 테세우스를 태운 배가 검은 돛을 달고 돌아왔다는 소식을 듣곤 그 자리에서 자결하고 만다.

아에게우스왕의 장례가 끝나자 테세우스는 중대한 계획을 세운다. 아테네 인근의 주민들을 설득해 아테네 시민으로 편입시킨 것이다. 크레타왕국과 같은 강대국들에 맞서려면 도시를 좀더 키울 필요가 있었다. 이 전까지 아테네는 주변 도시들과 동맹체제로 운영되었는데, 테세우스는 동맹보다는 전략적 합병이 더욱 주효하다고 판단했다. 동맹은 언제 깨질지 알 수 없는 일이지만, 합병은 세월이 흐를수록 도시간의 혈연관계가 생기면서 더욱 견고해진다고 믿었기 때문이다.

당시만 해도 아테네는 그리스에서 주도적인 위치가 아니었다. 테세우스의 명성이 아무리 대단해도 인접 도시국가들의 반응은 냉담했다. 이에 테세우스는 결단을 내린다. 약속대로 왕권을 폐지해버린 것이다.

그는 그리스 전역을 돌아다니며 아테네 시민만이 자유와 평등을 누릴 것이라고 선전했다. 사람들이 무슨 힘으로 우리들의 자유와 평등을 지켜줄 것이냐고 물으면, 아테네 시민은 스스로 자유와 평등을 지켜낼 것이라고 대답했다. 각지에서 특권계층에 시달리던 부호와 기술자, 장사꾼, 군인, 학자들이 아테네로 몰려들었다. 아테네는 곧 그리스에서 가장 막강한 힘을 소유한 도시국가로 자리잡았다.

상황이 이렇게 되자 아테네 귀족들의 반발이 거세졌다. 굴러온 돌 때문에 박힌 돌이 괴롭다는 것이었다. 테세우스는 귀족들을 달래기 위해 그들에게 정치와 법령을 맡기면서 아테네가 자유를 누릴 수 있는 까닭은 당신들에게서 법이 나오기 때문이라고 설득했다.

포퓰리즘의 미학은 대중성이다

테세우스는 아크로폴리스라는 청사를 세우고, 누구나 이곳에서 정치에 참여할 수 있다고 말했다. 그러나 실제로는 귀족들과 돈

많은 부호만이 정치에 참여하는 특권을 누렸다. 그래도 일반 서민들은 충분히 만족시킬 수 있었다. 그들이 절실하게 원했던 것은 정치참여가 아니라 정치적인 해방이었기 때문이다.

테세우스는 아테네의 시민계급을 귀족, 농민, 상공인으로 나누고, 어느 한 집단에서도 자기에 대한 지지가 축소되지 않도록 주의했다. 그 결과 귀족들에겐 위엄을, 농민에겐 풍요를, 상공인에겐 수적 우세를 부여해 서로 견제하도록 조처했다.

이밖에도 테세우스는 고대 국가로는 처음으로 전쟁에서 사망한 전사자들의 시체를 적군에게 돈을 주고 사왔다. 죽음마저도 아테네 시민으로부터 자유를 빼앗지 못한다는 것을 대외적으로 과시하는 한편, 시민들에게도 자부심을 느끼게 해주기 위해서였다.

테세우스의 리더십을 한마디로 정의한다면 포퓰리즘일 것이다. 그러나 테세우스가 보여준 포퓰리즘적 리더십의 밑바탕엔 구성원들이 무엇을 원하고 있는지 정확하게 파악한 인식이 깔려 있었다. 그에겐 정치적 야망이 삶의 우선 순위였고, 그 야망은 쉽게 말해 권력욕이었다. 테세우스는 타인을 지배하는 것이 목적이었다. 그러나 힘과 돈보다는 대중적 인기로 자신의 권력을 채워나가길 원했다.

테세우스의 포퓰리즘적 리더십은 '권위'와는 거리가 먼 것처럼 보이지만, 실제로는 철저한 권위로 치장되어 있다. 테세우스는 살

야생전 맹목적인 여론의 지지를 누렸다. 대중의 맹목적인 지지는 테세우스가 누렸던 권력의 핵심이며, 리더십의 상징과도 같았다. 물론 그 같은 지지를 위해 포퓰리즘적인 정책을 남발해야 했다. 하지만 그가 내세운 대중적인 정책들은 엄밀한 의미에서 대중에게 가장 시급한 정책이었다. 그런 의미에서 테세우스의 일생은 역사상 포퓰리즘의 정치미학을 가장 완벽하게 구현해낸 리더십이었다고 평가해야 할 것이다.

조직은 거대한 기계다

다음으로 테세우스와 비슷한 환경에서 로마라는 최고의 도시를 건설한 로무루스에 대해 살펴보자. 그의 삶은 테세우스와 여러 면에서 닮은꼴이었으나, 그가 보여준 리더십의 정체와 목표는 조직의 성공을 개인적인 명성으로 이해한 테세우스와는 완전히 다른 방향으로 진행되었다. 대중적인 지지를 기반으로 권력을 잡은 테세우스와 달리, 로무루스는 측근 기용의 달인이었다. 그의 리더십은 한 사람을 지배함으로써 100명을 동시에 지배하는 것이 목적이었다. 테세우스가 민중의 마음을 획득하는 것으로 자신의 경영 능력을 실천해나갔다면, 로무루스는 상황을 막론하고 시스템적인 대응을 경영수단으로 삼았다. 테세우스가 찰나적이고 유동적이었던 반면에 로무루스는 장기적이고 불변적이었던 셈이다.

테세우스의 리더십은 조직원의 요구사항을 적절하게 받아들여 최고의 효과를 끌어내는 데 있었다. 이에 반해 앞으로 살펴보게 될 로무루스의 리더십은 최고의 시스템에 조직원을 끌어들여 계획했던 만큼의 성과를 걷어내는 데 탁월했다.

신분적 장애를 동기부여로 활용하라

알바롱가(Alba Longa : 로마에서 동남쪽으로 30km 떨어진 곳에 위치한 고대도시)의 전제 왕권이 누미토르(Numitor)와 아물루스(Amulus) 형제에게 이르렀다. 아물루스는 형 누미토르에게 왕위를 택하겠느냐, 아니면 조상부터 내려온 재산을 가지겠느냐고 물었다. 이에 누미토르는 왕권을 선택했다. 그러자 아물루스는 물려받은 재산을 이용해 군대를 길러 누미토르를 축출하고 왕위에 올랐다.

누미토르에겐 여식이 하나 있었는데, 아물루스는 혹시라도 조카딸에게서 아들이 나오면 자신에게 복수할 지도 모른다는 생각이 들어 신전에 가둬버렸다. 그러나 이미 누미토르의 딸인 실비아(Silvia)는 쌍둥이를 임신 중이었다. 얼마 후 실비아는 신전에서 건장한 아들 둘을 낳았고, 이름을 로무루스와 로무스라고 지었다. 그 소식을 접한 아물루스는 두 아이를 숲에 버리도록 지시했다.

여기서 늑대가 두 아이에게 젖을 물렸다는 전설이 내려오게 되는데, 사실은 아물루스의 신하였던 파우스툴루스가 두 형제를 데려와 비밀리에 길렀다.

파우스툴루스는 형제에게 글과 교양을 가르쳤으나, 가는 곳마다 아버지가 누구인지 밝혀지지 않은 탓에 천민보다 못한 대우를 받았다. 명문가인 것은 틀림없었지만, 신분이 비천하다는 이유로 형제는 목동으로 살아야 할 운명에 처해졌다.

그러던 어느 날, 사소한 시비 끝에 로무스가 이끄는 목동들과 아물루스의 양을 기르는 목동들 사이에서 큰 싸움이 벌어졌다. 양측은 많은 사상자를 냈고, 로무스가 체포되었다. 그 당시 목동들은 단순한 양치기가 아니었다. 산적들과 맹수들로부터 양을 지켜야 했기에 무술이 능했고, 전시에는 군사로 전환되는 신분이었다.

아물루스의 폭정에 시달리던 많은 주민들이 로무루스를 찾아왔다. 그들은 이 기회에 왕을 갈아치우자고 로무루스를 설득했다. 동생이 염려된 것도 사실이었지만, 죽을 때까지 목동 노릇이나 할 생각은 추호도 없었던 로무루스는 몰래 사람을 보내 감옥에 갇힌 동생에게 편지를 보냈다. 간수들과 죄수들을 포섭해 민란을 일으키라는 내용이었다.

이어서 로무루스는 외조부인 누미토르를 찾아가 알바롱가의 원로들을 만나달라고 부탁했다. 목동들의 사소한 시비로 거사를 일으키기엔 명분이 부족하다고 판단한 것이다.

이렇게 모든 준비가 끝나자 약속한 날짜의 밤에 알바롱가 성문 안쪽에서 로무스가 이끄는 죄수들이 폭동을 일으켰다. 누미토르와 친분관계에 있던 원로들이 며칠 전부터 이방인들이 쳐들어올지도 모른다는 유언비어를 퍼뜨렸기 때문에 죄수 몇 명이 일으킨 폭동치고는 혼란이 극심했다. 이를 기회로 로무루스가 성문 밖에서 공격을 주도하자, 늙은 아물루스와 부패한 귀족들은 어이없이 사로잡히고 말았다.

새로운 도시의 건설

하루아침에 천한 목동, 떠돌이 용병 신세에서 알바롱가의 통치자가 된 로무루스와 로무스 형제는 왕위를 외조부인 누미토르에게 돌려주고, 자신들이 자라난 곳에 새로운 도시를 건설하기로 계획한다.

이 일을 계기로 로무루스는 그의 일생을 지배하게 될 한 가지 진리를 터득하게 되는데, 아무리 적은 숫자의 군대일지라도 적재적소에 운용하기만 하면, 방만하게 운영되는 대군도 손쉽게 무찌를 수 있다는 점이었다.

형제가 어린 시절을 함께 보낸 곳에 도시를 세운 로무루스와 로무스는 도시의 이름을 아실루스(Asillus)라고 명명했다. 그들은 어떤 중죄인도 환영하며, 노예는 주인에게 돌려주지 않을 것이고, 채권자는 채무자의 돈을 빼앗을 수 없으며, 살인자는 법관 앞에 서지 않아도 된다고 선포했다. 그러자 이탈리아 전역에서 살인마와 강도, 빚쟁이들이 구름처럼 몰려들었다.

이런 방법으로 도시의 적정 인구는 그럭저럭 채울 수 있었지만, 지배구조가 문제였다. 방만하고 혈기왕성한 청년들을 다스리려면 체계와 위엄이 필요했다. 이때 도시의 2인자에 머물게 된 것을 불만스러워하던 로무스가 자신만의 도시를 따로 세워야겠다며 로무루스가 다스리는 구역을 내놓으라고 요구했다. 형제는 도시를 양분하여 각자 지배하고 있었는데, 로무스는 성격이 나태해 축성을 하지 않고 자신의 구역을 거의 방치하다시피 한 데 비해, 로무루스가 다스리는 구역은 밭과 집, 성벽이 벌써 자리를 잡아가고 있는 것을 보고 로무스는 질투를 느꼈던 것이다.

하극상을 경계하라

로무루스는 결단을 내려야 했다. 가뜩이나 질서가 잡히지 않아 범죄가 들끓는 와중에 동생까지 하극상을 벌이려는 상황에서 도시의 미래를 결정할지도 모르는 새로운 반전이 필요하다고 여겼다.

로무루스는 그날 밤 로무스를 기습해 사로잡는 데 성공했다. 그리고 만인이 보는 앞에서 공개적으로 처형을 단행했다. 아무리 동생일지라도 자기의 권위에 도전하는 것은 묵과하지 않겠다는 최고의 위협을 시민들에게 보여준 것이었다. 아마도 로무루스는 선대인 누미토르와 아물루스간의 골육상쟁을 체험하면서 피는 나눌 수 있어도 권력은 나누지 못한다는 말을 실감했는지 모른다. 이로써 로무루스는 살인마와 백정 수준에 불과한 새로운 도시의 시민들에게 두 가지를 기억하도록 했다. 그 첫째는 로무루스의 리더십에 도전하는 자는, 그가 동지이며 형제일지라도 살아남지 못한다는 것이었고, 두 번째는 로무루스의 리더십에만 도전하지 않는다면 이 도시에서의 안전한 생활이 보장된다는 점이었다.

잔혹한 형제간의 분쟁에서 승리해 권력을 일원화시킨 로무루스는 군대를 조직했다. 그리고 군대는 민간인처럼 생업에 종사할 수 없도록 했다. 전시엔 용병으로 대접받다가 평화시엔 목동으로 비천한 생활을 해야 하는데 불만을 느껴 왕권을 전복시킨 자기의 선례를 되풀이하고 싶지 않았기 때문이다.

또 주민들을 조직하여 각 지역마다 민단이라는 자치기구를 신설하고, 이 자치기구의 대표 중 100명을 특별히 선출해 원로원(元老院)이라 불렀다. 원로원 의원 한 명이 민단대표 10명을 거느리고, 민단대표 한 명은 민단내의 이장들을 관리하며, 이장들이 각

고을의 주민들을 지도하는 방식을 채택했다. 이는 군대에서도 마찬가지였다. 병사 다섯을 거느리는 오부장부터 오부장 둘을 거느리는 십부장, 십부장 열을 거느리는 백부장, 백부장 열 명을 거느리는 천부장, 천부장 열 명을 거느리는 군단장 같은 지휘체계로 조직을 세분화시켰다.

불만에 적극적으로 대처하라

　로무루스는 민단이나 군대 내에서 가장 소수의 지휘체계를 운영하는 수장들도 모두 알바롱가 출신에게 맡겼다. 목동과 용병시절부터 그들은 자기와 함께 했고, 로무스를 제거할 때도 그에게 절대적인 복종을 확인시켜준 세력이었기 때문이다. 그런 알바롱가 출신 중에서도 민단대표나 원로원, 군의 백부장급인 최고위층은 할아버지 대까지의 출신성분이 기록으로 보전되는 사람만이 가능했다.
　자연스레 알바롱가 출신의 정치 및 군사 요직자들이 귀족으로 불렸고, 타지에서 유입된 이주민들은 서민계층을 형성했다. 로무루스는 그 동안의 경험에 비춰봤을 때 권력층의 반발보다 더 다루기 힘든 것이 밑바탕 계층의 반발이라는 것을 잘 알고 있었다. 그 무렵 아실루스의 서민층들이 겪고 있는 가장 큰 애로사항은 아내가 없다는 점이었다. 타지에서 죄를 저지르고 도망친 범죄자와 가난한 노예출신이 대부분이었던 만큼, 여자를 구하기가 힘들었다. 이것은 도시의 미래를 불안하게 만드는 요인이기도 했다. 새로운 창업은 언제나 부족한 부분이 있기 마련인데, 이런 위기를 제때 추스르지 못하면 구성원들은 리더십의 부재를 느껴 현실을 되돌아보게 된다. 구성원들이 리더를 바라보지 않고 자기 주변을 바라본다는 것은 조직의 붕괴를 알리는 신호탄임을 로무루스도 절감했을 것이다.

로무루스는 이 문제를 해결하기 위해 당사자인 서민들을 배제시키고, 특권층이 나서야 한다고 생각했다. 로무루스는 조직체계를 정비하는 것과, 각 조직간의 정확한 역할수행을 관리하는 것이 리더십의 핵심이라고 여겼다. 그가 이끄는 조직에서 서민층은 권력에 복종하는 것이 목적이었다. 반대로 귀족층은 서민의 안정된 생활에 진력하는 것이 존재이유였다. 따라서 로무루스는 서민들의 문제는 그들 스스로 해결해야 될 문제가 아니라 귀족들이 대신 나서서 해결해줘야 할 의무라고 생각했다. 어디까지나 서민의 역할은 복종뿐이라고 여겼기 때문이다.

로무루스는 즉시 원로원과 군대를 소집했다. 서민들의 고통을 위해 상류층이 나선다는 것을 대외적으로 보여주기 위해서였다. 로무루스의 시대만 해도 원로원은 명령의 전달기구였을 뿐, 회의나 토론은 불가능했다. 그 대신 로무루스는 원로원에게만 명령했고, 명령의 결과도 원로원을 통해서만 확인했다. 의결권을 행사하지 못하게 함으로써, 지도자의 통치기구로서 원로원이 수행해야 할 정치적 범위를 한정시킨 것이다. 따라서 로무루스의 권력이 탄탄해져야만 원로원이 누리는 권위도 함께 상승할 수 있었다. 그런 의미에서 원로원의 대표자들은 로무루스를 위해서라기보다는 자신들의 권력을 견고히 하기 위해서라도 로무루스가 누리는 권력을 더욱 막강하게 만들어줄 필요성이 있었다.

상대방의 심리를 이용하라

로무루스의 리더십은 대체로 이와 같았다. 그의 실리적인 성격은 테세우스 같은 감상적 존경보다 눈에 확연히 드러나는 실질적인 복종을 원했다.

로무루스는 서민층의 아내로 인근 도시국가인 싸비족 여인들을 점찍었다. 싸비족은 스파르타 출신의 이민자들이 세운 국가로 매우 용맹한 자들이었다. 여인들도 남자들 못지 않게 용감하고 건강했으며, 현숙했다. 대부분 윤리의식과는 거리가 먼 서민층들을 도시의 구성원으로 만들기 위해서는 현숙한 아내가 필요하다는 것이 로무루스의 지론이었다. 그는 선두에 서서 싸비족을 공격했고, 700명이 넘는 여인들을 아실루스로 데려왔다. 개중에는 유부녀도 있고, 어린 소녀도 있지만 로무루스는 상관하지 않았다.

그래도 부녀자들은 턱없이 부족했다. 로무루스는 원로원에 명령을 내려 또다시 출정을 감행했다. 인근 도시들을 무차별적으로 공격해 여인들을 닥치는 대로 끌고 왔다. 그러자 이번에는 군대 내에서 반발이 일었다. 여자 때문에 아까운 목숨을 바치는 게 억울했던 것이다.

원로원을 통해 이 같은 불만을 접수한 로무루스는 인근 도시를 점령하는 대로 여인들은 아실루스로 데려오면서 원하는 군인들은 점령지로 이주시키는 정책을 추진했다. 이 정책을 통해 아실루스는 번영하고, 점령지는 아실루스로 동화되는 두 가지 성과를 한꺼번에 올릴 수 있었다. 군대는 공익적인 봉사를 통해 명예와 더불어 자신들의 재산과 토지를 챙기는 데 충분히 만족했다. 또 로무루스는 여인들을 얻기 위한 사소한 문제일지라도 자기가 원한다면 언제든 대군을 일으킬 수 있다는 자신감을 시민들에게 보여준 데 만족했다.

그런데 뜻하지 않은 문제가 발생했다. 맨 처음 로무루스에게 여인들을 빼앗긴 싸비네족이 명장 타티우스(Tatius)를 선두로 아실루스를 공격한 것이다. 이 전투에서 결국 로무루스는 패하고 말았다.

아실루스를 포기하고 로무루스군이 도망치려는 순간, 싸비네족

창업자의 두 가지 선택 47

여인들이 타티우스를 막아섰다. 그녀들은 오빠와 아버지들을 향해 우리가 포로로 잡혀갈 때는 어디에 숨어 있다가 이제야 나타나서는 남편과 아들을 죽이려는 것이냐고 울부짖었다. 이 말을 들은 양측 군대는 즉각 휴전을 체결했고, 싸비네족과 아실루스는 이를 기회로 합병을 결정했다.

어차피 여인들로 인해 싸비네족과 아실루스 사람들은 친척간이나 다름없었다. 이를 처음부터 인식하고 있던 로무루스는 도주할 때 부녀자들은 모두 제외시켰다. 처자식을 빼앗긴 아군의 분노와 애타게 그리웠던 가족과의 상봉으로 적의 원한이 무뎌질 것이라고 예상했기 때문이다.

먼길은 나눠 걷는다

여인들을 빼앗긴 데서 시작된 전쟁은 의외의 결과를 가져왔다. 아실루스와 싸비네족이라는 이탈리아 반도의 가장 큰 두 도시가 결합하면서 인구는 한꺼번에 두 배로 증가했다. 로무루스는 싸비네족으로 구성된 원로원을 새로 만들면서 왕위를 타티우스에게 양보했다. 그 대신 도시의 이름은 자기 이름을 따서 로마로 정했다.

타티우스가 새롭게 태어난 로마의 첫 번째 왕이 되었으나, 실질적으로 원주민은 로무루스가, 싸비네족은 타티우스가 통치하는 방식이었다.

세력이 엇비슷한 두 집단이 어쩔 수 없는 생존을 위해 서로 통합을 선택했을 경우, 주도권의 향방은 조직간의 결속력에 달려 있다. 끈끈한 혈연이 밑바탕인 싸비네족과 원로원 및 부장제도로 이질적인 구성원들을 하나로 통합시키는 데 성공한 로무루스의 리더십은 애초부터 경쟁상대가 아니었다. 게다가 싸비네족의 유일한 구심점인 혈연관계는 싸비네족 여인들이 아실루스 주민들과 결혼하면서 근본부터 흔들리고 있었다. 로무루스가 이런 상황을 놓칠 리가 없었다. 싸비네족의 조직력이 혈연이라면 로무루스의 조직력은 지배와 피지배자의 절대적인 복종이었다. 그리고 혼탁한 변혁의 시대에 집단을 지켜주는 힘은 대등한 관계에서 비롯되는 동정적인 유대감보다 상호복종에 길들여진 메카니즘이다.

싸비네족과 아실루스의 통합 이후, 타티우스 일파는 빠르게 그 힘을 잃어갔다. 싸비네족은 로무루스의 통치 스타일이 대도시를 경영하는 데 보다 합리적이라는 사실에 공감할 수밖에 없었다. 그렇게 타티우스가 왕위에 오른 지 5년째 되던 해에 로무루스는 아물루스와 로무스에 이은 세 번째 정적제거에 나선다. 이를 눈치챈 타티우스가 자신의 병력을 소집하려 했으나, 로무루스는 단 한 명의 천부장만 곁에 있어도 군사 1000명이 언제든 달려오는 조직체계의 수장이었다. 속도전에서 타티우스는 도저히 로무루스의 상대가 되지 못했다.

타티우스와 그 친족들을 하룻밤 사이에 섬멸한 로무루스는 자신이 로마의 유일한 절대군주임을 대내외적으로 선포했다. 싸비네족은 로무루스가 비열한 수단을 썼다며 분개했지만, 로마의 유기적인 사회 시스템에 동화된 그들로서는 어떻게 해볼 도리가 없었다.

마침내 절대왕권을 한 손에 움켜쥔 로무루스는 승리를 기념하기 위해 황금갑옷과 월계관을 쓰고 로마시내를 행진했다. 이것이 훗날 모든 개선행진의 시초가 되었다.

끊임없이 과제를 제시하라

로무루스는 절대왕권을 수립한 후에도 지속적으로 정복을 시행했다. 도시에 부족한 여인들을 충당하기 위해 시작된 전쟁은 로무루스에게 새로운 통치수단을 일깨워줬는데, 그것은 구성원의 시야를 바깥으로 돌리는 것이 내부의 문제를 축소시키는 좋은 방편이 된다는 점이었다.

한 조직의 윤리의식이 절대적인 가치를 신봉할 때, 조직구성원들의 불만은 내부에서 싹트기 시작한다. 이 경우 불만을 잠재울 수 있는 유일한 방법은 조직내의 변혁과 발전이다. 이것은 리더에게 매우 높은 수준의 도덕적인 책임과 시간을 요구한다.

그러나 외부와의 비교를 우선하는 상대적 가치가 더욱 중요시될 때, 구성원들의 불만은 리더의 정책에 따라 어느 정도 감소될 여지가 있다. 로마의 경우가 그 좋은 예였다.

인근 도시들을 점령할 때마다 로마의 시민들은 현재 자기들이 처한 현실과 상관없이 매우 우월적인 만족감을 느꼈는데, 이는 로마라는 도시가 다른 도시에서 버림받은 자들이 힘을 합쳐 세운 나라였기 때문이다. 로마인들은 끊임없이 이웃 국가들과 자신들을 비교할 수밖에 없었다. 이때 자기들을 내쫓은 집단을 힘으로 정복했다는 기쁨이 로마를 지탱하는 힘이었고, 그런 만족감들은 일시적으로 사회의 불만요소들을 잠재우는 역할을 수행했다.

로무루스가 집권하던 시절, 로마는 여러 가지 병폐와 불안요소들을 내포하고 있었다. 확장이 시급하다는 이유로 무분별하게 타 지역 주민들을 이주시킨 결과, 사회는 분열되었고, 범죄도 들끓었다. 간혹 전염병 보균자들이 도시에 유입되면서 심각한 전염병이 발생하기도 했다. 그때마다 로무루스는 전쟁을 일으켰다. 내부적인 문제로 심각해진 구성원들의 불만을 밖으로 돌리는 동시에, 조직내의 위험인물들을 제거했고, 정복을 통해 구성원들의 욕구도 해결해줄 수 있는 일석삼조(一石三鳥)의 수단이었기 때문이다.

이 같은 로무루스의 확장정책은 그가 신봉하는 권위주의 리더십의 가장 완벽한 구현이기도 했다. 그는 로마를 유동적인 사회로 만들었다. 전쟁을 일으켜 타지역을 정복하고, 그 정복지의 주민들을 로마로 이주시키는 한편, 정복한 군대를 다시 정복지에 주둔시키는 방책을 썼다. 로무루스 생전에 로마는 세계에서 가장 활발한 나라였다. 이주민들이 끊임없이 로마를 방문했고, 원주민들 또한 쉴새없이 로마가 정복한 지역으로 이주했다. 이런 상황에서 사회질서는 혼잡할 수밖에 없었고, 그 통치수단으로 로무루스는 막강한 권력을 앞세워 무조건적인 복종을 강요하는 권위주의 리더십을 선택했던 것이다.

리더로서 무엇을 해야 하는가

로무루스는 권력의 정당성을 확보하기 위해 전쟁을 일으켜 사회를 혼란에 빠뜨렸다. 권력에겐 절대적인 복종이 필요하다는 것을 구성원들에게 납득시키려면 그들의 눈을 바깥으로 돌리는 것이 최선이었다.

이처럼 권위주의 리더십은 조직원들에게 절대적인 복종을 요구하는 듯 보이지만, 실은 외부환경과의 갈등을 조장해 그 기반을 닦는 경우가 많다. 리더의 권위는 구성원들의 자발적인 의사에서 비롯되지만, 권위주의는 리더의 필요에서 제기되는 문제이므로 권위주의엔 진정한 의미에서 권위가 필요 없다.

리더가 권위와 권위주의 사이에서 갈등하게 되는 이유는 지배환경과도 상당한 연관이 있다. 테세우스의 아테네는 테세우스 이전부터 존재한 조직체로서 그 나름의 질서와 존립이유가 분명했다. 외부에서 영입된 리더라고 할 수 있는 테세우스로서는 구성원들에게 익숙한 기존질서를 파괴하지 않으면서도 구성원들의 절대적인 신뢰를 얻어야 했다. 그것이 곧 그의 리더십을 보장해주는 대원칙이었기 때문이다. 아테네 시민의 자발적인 존경이 선택할 수 있는 리더십이 전부였던 테세우스는 높은 윤리적 모범과 더불어 시민들의 지속적인 지지를 이끌어내는 화합적인 정책이 필요했다. 그 결과 테세우스는 시민들의 요구대로 왕정을 무너뜨리고, 아테네에 민주주의라는 새로운 질서를 정착시키는 데 성공한다. 그가 누린 리더로서의 권위는 타협과 배려를 통해 얻어진 결과물이었던 셈이다.

테세우스와 달리 로무루스는 무에서 유를 창조한 리더였다. 그는 존재하지 않는 도시를 창건했고, 이를 지켜내기 위해 구성원들의 지지 따위는 처음부터 불필요했다. 그가 리더십을 행사하는 데 필요로 했던 것은 자신의 결정을 믿고 따라줄 맹목적인 복종뿐이었다. 구성원들의 복종을 지속시키기는 수단으로 로무루스는 대외적인 정복정책을 꾸준히 시행해야 했다. 그 정책과정에서도 원로원과 군대를 철저히 양분하여 어느 한 쪽으로도 권력이 치우치지 않도록 균형을 유지했다.

그러나 로무루스가 추구한 권위주의적 리더십이 유지되려면 하부조직이 납득할 수 있는 균형감각이 필수였다. 로무루스의 팽창정책은 원로원보다 군부에게 더 유리했다. 로무루스는 원로원에게 정책기구로서의 상급책임을 맡기고, 군부에겐 정책수행의 임무를 맡기는 식으로 분권을 시도했으나, 정복의 수혜인 토지와 노예는 대부분 실전에서 피를 흘린 군부에게 돌아갔다.

이런 불만이 원로원에 확산되어 갔지만, 승리에 도취된 로무루스는 자신이 누리는 권력이 무엇을 통해 유지되는지 망각하고 말았다. 그는 절대권력을 누리면서도 구성원들에게 그 같은 권력이 왜 필요한지를 납득시켜왔다. 그렇기 때문에 원로원과 군부라는 핵심측근들은 그에게 복종하는 것이 자신들의 이득을 유지하는 방편이라고 믿게 되었다.

그러나 평화가 도래하자 발전의 시기엔 절대적으로 필요하다고 여겨지던 로무루스의 리더십이 원로원과 일반 백성의 눈에 구시대의 사라져야할 독재와 억압으로 비치기 시작했다. 로마인들은 더 이상 로무루스에게 복종해야 할 이유를 찾지 못했다. 이와 비례해서 로무루스는 예전보다 더욱 오만하게 군림하기 시작했다. 그는 누워서 정사를 돌봤고, 원로원에게만 하달하던 명령체계를 무시한 채 새로운 측근들을 주위에 포진시켰다.

결국 자기들의 위상이 위험해졌다고 여긴 원로원 의원들은 신전에서 제사를 지내고 나오던 로무루스를 살해한 후 시체를 토막 내 각자 한 토막씩 옷에 감추고 나왔다.

복종과 순종의 차이

테세우스와 로무루스는 생전에 둘 다 뛰어난 리더십을 보여주었다. 테세우스는 아테네 시민으로부터 마음에서 우러나오는 존경과 권위를 누렸고, 로무루스는 소외계층들을 규합해 로마라는 새로운 도시를 창건하는 업적을 남겼다. 하지만 엄밀히 따졌을 때 이들은 리더로서의 직분을 다하지 못했다. 테세우스는 너무 민주적이었고, 로무루스는 너무 전제적이었다. 모든 리더의 첫째 임무는 우선 그 위치를 오래도록 유지하는 데 있다. 다시 말해 리더의 권리를 지나치게 양보하거나, 강화해선 곤란하다.

테세우스는 리더로서의 권한을 아테네 시민들에게 너무 많이 양보한 나머지 말년에는 자신이 저지른 사소한 실수조차 만회할 기회를 박탈당했다. 또 로무루스는 공리적 이득을 극대화시켜야 한다는 명목으로 사회 시스템에 로마인들을 강제로 적응시켰지만, 그 스스로 시스템에서 이탈하는 잘못을 범함으로써 비참한 최후를 맞이하는 빌미를 제공했다.

이들의 종말이 한결같이 비참했던 까닭은 그들 스스로 선택한 리더십의 성격뿐 아니라 인간적인 결함 또한 적지 않은 비중을 차지했다고 하겠다. 로무루스는 권력을 쟁취하기 위해 동생을 죽이는 극단적인 수단도 서슴지 않았다. 테세우스는 권력을 유지하기 위해 수많은 여인들을 짓밟았다. 리더십이 단순한 사회적 신분유지에 그치지 않고, 한 인간이 타고나는 태생적인 한계를 드러내는 지표임을 일깨워주는 대목이다.

2

리쿠르고스와 파비우스

내부의 적을 물리칠 때와 외부의 적을 물리칠 때

2
내부의 적을 물리칠 때와 외부의 적을 물리칠 때

리쿠르고스와 **파비우스**

다스리는 것과 물리치는 것

리더의 역할을 크게 두 부분으로 나눈다면 다스리는 것과 물리치는 것으로 나눌 수 있다. 다스린다는 것은 내부의 조직원들을 설정한 목표에 맞게 이끄는 것이고, 물리친다는 것은 외부의 적이나 환경에 맞서 조직의 안위를 지켜낸다는 말이다.

언뜻 보기에 정반대의 리더십으로 생각되는 다스리는 것과 물리치는 것은 상당한 공통점을 가지고 있다. 안을 온전히 다스리기 위해서는 먼저 내부의 적들, 예를 들어 방만한 경영, 무질서한 위계, 도덕적 해이 및 경쟁자들을 물리쳐야 한다. 그런 면에서 볼 때 다스린다는 것은 내부의 적들을 물리치는 데서 시작된다고 봐도 무방하다.

　반대로 밖을 물리치기 위해서는 눈에 보이는 적들을 제거하기 전에 내부의 문제점부터 바로잡아야 한다. 떨어진 사기, 팽배한 위기의식, 이탈자, 무분별한 공명심 등을 견제하고 억제해 눈앞에 닥친 위기상황을 돌파해야 하는 것이다.

　지금부터 살펴볼 스파르타의 리쿠르고스(Lycurgus)와 로마의 파비우스(Fabius)는 다스릴 때와 물리칠 때의 리더십을 보여주는 사례이다. 스파르타의 리쿠르고스는 내부의 적들을 물리침으로써 도탄에 빠진 백성과 나라의 장래를 되살려놓았고, 로마의 파비우스는 한니발(Hannibal)의 침공으로부터 나라를 지켜냄은 물론이고, 이를 기회로 무기력증에 빠진 로마의 정신을 구현해내는 데 성공했다.

　리쿠르고스가 스파르타의 내정을 다스리면서 보여준 모습은 다스린다기보다는 전투에 가까웠다. 반면에 파비우스는 한니발과의 직접적인 전투를 피하는 대신, 땅에 떨어진 나라의 기강을 되살려놓는 방법으로 역사상 가장 위대한 전쟁에서 승리자가 되었다.

　이들 두 사람의 사례는 다스린다는 것과 물리친다는 것의 기존 인식을 뒤엎는 결과를 낳았다. 리쿠르고스는 다스리기 위해 물리쳤고, 파비우스는 물리치기 위해 다스렸기 때문이다. 그 대신 한 가지 공통점이 발견되는데, 두 사람 모두 '적'이라는 현상을 설정해 목적을 달성하는 수단으로 이용했다는 점이다. 리쿠르고스의 '적'은 사치와 향락으로 해이해진 백성들의 도덕적 불감증이었고, 파비우스의 '적'은 한니발이었다.

그러나 리쿠르고스와 파비우스의 리더십에서 '적들'이 차지하는 비중은 어디까지나 수단에 불과했다. 리쿠르고스가 안을 다스린 것은 궁극적으로 외부의 적들을 점령하기 위해서였고, 파비우스는 한니발과의 전쟁에서 승리하는 것보다 이 전쟁을 통해 로마인들의 병든 의식을 새롭게 고쳐놓길 원했다.

이들을 통해 다스리는 리더십과 물리치는 리더십이 단순히 하나의 과정만을 요구하지 않는다는 것을 알게 된다. 내부를 다스릴 때 외부를 물리칠 수 있는 힘이 생성되고, 외부를 물리칠 때 자연스레 내부가 다스려지기 때문이다.

대다수의 리더들이 내부의 적과 외부의 적을 구별하면서 내부의 적은 단지 내부문제로 발생한 잠시의 고통일 뿐이라고 생각한다. 마찬가지로 외부의 적은 다만 외부와의 마찰로 비롯된 갈등에 지나지 않는다고 생각한다.

그러나 리쿠르고스와 파비우스의 생애를 살펴보면 우리는 내부의 적을 물리치는 것이 결과적으로는 외부의 적을 미연에 막아내는 것이며, 외부의 적을 물리치는 것이 결국은 내부의 적들을 소멸시키는 것과 다름없다는 사실을 깨닫게 된다.

실패의 과정을 관찰한다

리쿠르고스는 스파르타 왕 에우노무스(Eunomus)의 둘째 아들로 태어났다. 당시 스파르타는 전쟁을 통해 그리스 전역을 정복했고, 각지에서 노예를 획득해 일반 시민들이 일하지 않고도 생활할 수 있을 만큼 풍족했다. 이에 시민들은 노래와 춤, 연극, 음란한 제사 같은 소비적 향락에 중독되었고, 나라는 근본부터 병들기 시작했다.

에우노무스 사후 리쿠르고스의 형인 폴리덱테스(Polidektes)가 왕위에 올랐다. 어린 시절부터 병약했던 폴리덱테스가 왕위에 오르자 스파르타의 정치는 더욱 문란해졌고, 사회는 무법천지나 다름없었다. 성적인 문란함과 사치도 극에 달해 나라의 가장 큰 문제가 사생아 급증이었을 정도였다. 그 와중에 폴리덱테스가 급사하는 일이 벌어지자, 임신 중이었던 왕비가 리쿠르고스에게 몰래 사람을 보냈다. 다음 왕은 당연히 리쿠르고스일 것이라고 생각한 왕비가 뱃속의 아이를 유산시킬 테니 자기와 결혼해달라는 것이었다.

리쿠르고스는 이 제안에 충격을 받았으나, 승인하는 척하면서 유산할 경우 생명이 위독해질 수도 있으므로 우선 아이를 낳으면 자신이 처리하겠다고 대답했다. 몇 달 후 왕비는 아들을 낳아 리쿠르고스에게 보냈다. 그러자 리쿠르고스는 갓 태어난 조카를 데리고 광장에 나가 스파르타의 새 왕이 태어났음을 선포했다.

이 일로 그 전까지 스파르타 내에서 정치적 영향력이 전무했던 리쿠르고스의 이름이 온 나라에 퍼지게 되었다. 특히 국가의 장래를 염려하던 양심세력들로부터 절대적인 지지를 얻는 기회가 되었다. 동시에 구세력인 왕비 일파로부터 상당한 견제를 받기 시작했다. 그들은 리쿠르고스가 조카를 죽이고 왕위에 오르려 한다는 소문을 퍼뜨렸다. 당시 스파르타의 사회적 기준에서는 이런 행동이 불가능한 것도 아니었으므로 사람들은 차라리 리쿠르고스가 왕이 되었으면 좋겠다는 식으로 반응했다.

하지만 리쿠르고스의 목적은 스파르타를 예전의 강국으로 만들어놓는 것이었다. 그에겐 지도자로서의 원대한 야망이 있었다. 그러나 스파르타를 강국으로 만들기 위해서는 왕권형 리더십보다 고결한 도덕심으로 민중을 선도하는 계도형 리더십이 필요하다고 여겼다.

왕비 일파의 정치적 공세도 당장 리쿠르고스를 추방하는 것이 목적은 아니었다. 그의 명성에 흠집을 내어 리쿠르고스나 자신들이나 별반 차이가 없다는 것을 은연중에 국민들에게 인식시키려는 의도가 다분했다. 이를 깨달은 리쿠르고스는 조카가 살아있는 한, 왕위에 오르지 않겠다고 신전에서 맹세한 후 크레타로 떠났다. 그가 미련 없이 조국을 떠난 데엔 두 가지 목적이 있었는데, 첫째는 주변 강대국들의 역량을 살펴보기 위함이었고, 둘째는 일반 백성들 사이에서 스파르타에는 리쿠르고스 같은 인물이 필요하다는 여론이 조성될 때까지 기다리기 위함이었다.

밖에서 안을 보다

스파르타를 떠난 리쿠르고스는 크레타로 건너갔다. 그곳에선 주로 정치제도를 살펴봤는데, 크레타인들의 법에 상당한 충격을 받았다. 그 결과 리쿠르고스는 스파르타에 필요한 것은 법이라고 생각하게 되었다. 지금까지 스파르타에서 법이란 권력과 동일하게 해석되었다. 스파르타는 그리스에서도 정권교체가 매우 빈번한 국가였다. 새로 정권을 잡은 귀족들은 지난 정권과 다르다는 차별성을 부각시키기 위해 모든 가치와 질서를 한꺼번에 바꾸곤 했다. 그러다보니 법과 국가권력에 대한 국민들의 의식 또한 나태와 무질서로 변질되어 아무리 옳은 정책을 추진해도 늘 비난만 쏟아졌다. 리쿠르고스는 엄격하게 법이 적용되는 크레타를 관찰하면서 법이란 읽는 것이 아니라 실천하는 데 의의가 있다는 사실을 깨달았다.

크레타에 이어 이집트를 방문한 리쿠르고스는 군사제도와 경제를 살펴보았다. 이집트는 스파르타와 마찬가지로 농업이나 상공업을 노예에게 맡겼는데, 스파르타와 달리 지배층과 피지배층의 상호공조가 매우 엄격하다는 특색이 있었다. 이집트에서 정치·군사는 귀족만의 특권이었다. 그 대신 귀족들은 농업 및 상공업에는 일절 관여할 수가 없었다. 귀족들에게 외세로부터 나라를 지켜냈다는 명예와 국가의 중요 정책들을 직접 결정한다는 자부심이 있었다면, 노예와 서민층에겐 국가의 재정과 살림을 맡아 나라를 부강하게 만들었다는 자부심이 있었다. 노예와 서민들은 국가의 지배계층인 귀족들에게 감사했고, 귀족들은 경제를 이끌어 가는 노예와 서민들에게 상당한 자유를 허락했다.

이에 반해 스파르타에선 노예는 노예대로 귀족층에게 수탈 당한다는 불만이 있었고, 귀족들은 국가의 장래보다 눈앞의 이익을 쫓아 서로 싸움만 벌였다. 리쿠르고스는 크레타와 이집트를 돌아보며 스파르타에 무엇이 부족하고, 또 무엇이 필요한지를 뼈저리게 실감했다. 이번 여행 중에 리쿠르고스를 가장 두렵게 만들었던 것은 스파르타를 제외한 그리스의 모든 국가들이 새로운 개혁을 통해 번영을 누리고 있다는 점이었다. 스파르타에 있을 때는 대수롭지 않게 보였던 것들이 크레타나 이집트 같은 강대국들을 돌아보는 사이에 너무나 시급하고 중요한 문제들로 대두되었던 것이다.

전쟁터를 휴게실로 만들어라

리쿠르고스가 소아시아 및 그리스 전역의 강대국들을 돌아보는 사이, 스파르타의 사정은 날로 심각해져갔다. 사회적 기능은 거의 마비상태에 이르렀고, 국가경제는 파탄 직전이었으며, 귀족들은 스스로 자기가 스파르타의 왕이라고 공표해 시민들을 불안하게 만들었다.

더 이상 과거의 낡은 가치관으로는 국가경영이 불가능하다고 판단한 소수의 건전한 지배계층에서 리쿠르고스를 데려와야 한다는 목소리가 높아졌다. 시민들 또한 자신들의 안위를 위해서라도 새로운 정치체제가 절실하다는 것을 깨닫기 시작했다. 자기를 필요로 하는 시기가 조만간 도래할 것으로 예상하고 있던 리쿠르고스는 조국의 부름을 받고 스파르타로 돌아갔다.

그는 부도직전의 고국을 회생시키기에 앞서 측근부터 구성했다. 정무회라는 이름의 약 30인 가량의 노련한 귀족들이 리쿠르고스의 세력이었다. 이들은 양심적이고 학문에 뛰어난 자들로서 스파르타를 괴롭혀온 병폐에 항상 비판적인 역할을 수행해왔던 자들이었다. 리쿠르고스는 스스로 이 정무회의 수장에 올랐다. 정무회의 가장 큰 기능은 왕권 견제가 주목적이었다. 즉, 기존세력인 귀족층과 대립각을 세운 것이다. 스파르타의 가장 큰 문제점은 지배계층은 왕권찬탈에 집착하고, 서민층은 민주화를 요구하면서 양측간에 돌이킬 수 없는 괴리가 발생했다는 점이었다. 리쿠르고스는 개혁에 앞서 사회통합이 절실하다고 판단했다. 리쿠르고스가 왕과 귀족들의 권력을 정무회로 귀속시키자 서민들은 크게 지지를 보냈다. 그러나 이 정무회 역시 귀족들이 주축이었으며, 스파르타는 여전히 전제국가였다. 다만 서로 대립하던 두 세력을 교묘히 어긋나게 함으로써 표면적으로나마 대립의 근거를 말살시킨 것이었다.

이렇게 해서 정치적 혼돈을 조장한 원인으로 지목된 정치체계를 정무회로 단일화시킨 리쿠르고스는 본격적인 개혁에 착수하기 시작했다.

스파르타를 치안부재까지 몰아갔던 범죄의 근본이 빈부격차에서 비롯된다고 생각한 리쿠르고스는 모든 사유지를 국가에 귀속시킨 후 재분배했다. 계급과 재산이 아닌, 용기와 덕을 가지고 서로 경쟁하는 나라를 만들기 위해서였다. 이어서 살림도구도 공평하게 재분배하려 했으나, 땅까지 빼앗긴 마당에 살림도 내놓으라고 하면 개혁은 고사하고 혁명이 일어날 것 같아 리쿠르고스는 화폐개혁으로 방향을 돌렸다. 이전에 사용하던 금으로 만든 동전을 모두 폐기처분하고, 황소가 끌고 다녀야 할 정도로 커다란 무쇠동전을 화폐로 채택했다. 새로운 화폐는 무게가 엄청나게 나가는 데 반해, 가치는 양파 몇 개도 못 살 정도였고, 쪼개 쓰는 것도 금지되었다. 이 때문에 돈과 관련된 범죄들이 사라진 것은 물론이고, 떠돌이 가수나, 점성술사, 불량배 같은 공공질서를 유린하는 직업들도 자취를 감췄다.

리더는 구성원의 욕망을 컨트롤해야 한다

사치가 불가능해지자, 귀족들은 계급적 우월성을 지키기 위해 명예와 도덕을 선택했다. 서민들은 귀족들이 누리는 명예와 도덕에 버금가는 혁신적인 기술들로 자신들이 국가에 얼마나 필요한 존재인가를 입증해내려고 혈안이 되었다.

이 같은 리쿠르고스의 개혁 중에서도 가장 혁명적인 업적은 공동식사였다. 스파르타의 모든 국민들은 한 곳에서 다같이 식사를 했다. 귀족과 서민, 노예를 구분할 필요 없이 같은 장소에서 같은 음식을, 같은 분량만 먹었다. 이를 통해 스파르타인들의 결속력은 더욱 단단하게 굳어졌다. 불과 얼마 전까지만 해도 서로를 악으로 규정했던 지배계층과 피지배계층의 분란은 찾아볼 수가 없었다. 재산과 토지를 빼앗기고 사회적인 명예만 남은 귀족들은 이를 지키기 위해서라도 희생과 모범을 보여야 했고, 서민들은 귀족들의 희생이 결코 헛되지 않다는 것을 보여주기 위해서라도 국가에 충성해야 했다.

　사회가 어느 정도 안정을 되찾자, 리쿠르고스는 풍속과 생활전반에 개혁의 칼을 들이댔다. 리쿠르고스는 아이들을 공동으로 육아하는 법령을 제정했는데, 이것은 부모들이 자녀에게 집중할 시간에 국가와 자신을 발전시킬 효율적인 다른 일을 찾아보도록 권장하기 위함과 어린 시절부터 가족의 울타리에서 벗어나 국가 공동체의 일원이라는 신념을 아이들에게 심어주기 위해서였다. 이 밖에도 장례절차를 간소화하여 도시 인근에 묘지를 만들어 사람들이 죽음을 두려워하지 않도록 했다. 또 여성들에게도 운동을 장려해 스파르타를 지키는 것은 남자들만의 몫이 아님을 여성들에게 인식시키려고 애썼다.

　그렇다고 리쿠르고스가 항상 강압적인 개혁정책만을 고집한 것은 아니었다. 전쟁이 발발하면 평상시의 엄격한 법을 자유롭게 완화시켜 머리나 옷을 마음대로 꾸미고, 음식도 각자 집에서 원하는 대로 먹게 했다. 이렇게 되자 스파르타인들은 전쟁을 휴식처럼 달콤하게 여겼다. 적군을 두려워하기는커녕, 적군이 밀려온다는 소식을 알리기에 앞서 음악을 연주하고 길가에 꽃을 뿌리며 기뻐했다.

내부의 적을 짓밟아라

리쿠르고스가 시행한 개혁의 성과로 사치와 문란과 부정부패로 얼룩진 악명 높은 스파르타는 그리스에서 가장 부강한 나라가 되었다. 리쿠르고스에게 내란에 가까운 스파르타의 혼돈은 리더십을 표출할 수 있는 좋은 기회였던 셈이다.

리쿠르고스는 치밀하고 지속적인 리더십으로 혼란과 병폐에 찌든 조직을 새롭게 결속시키는 데 성공했다. 그러나 리쿠르고스의 궁극적인 목적은 따로 있었다. 그는 스파르타에 질서와 법과 정의가 실현된 것만으로는 만족하지 못했다. 그는 스파르타가 옛 영광을 되찾아 가능한 한 많은 나라들을 지배해야 한다고 생각했다. 리쿠르고스 본인이 생각하는 리더십은 내부의 적을 물리치는 데 있지 않고, 그 내부의 적을 발판으로 외부의 보다 많은 적들을 섬멸하는 데 있었던 것이다.

눈에 보이는 시급한 적을 물리치는 것은 누구나 할 수 있는 일이다. 그렇기 때문에 단순히 목표를 뒤쫓기만 하는 것은 우리가 찾는 진정한 의미의 리더십은 아니다. 리쿠르고스가 아니었더라도 스파르타의 발목을 붙든 내부의 적은 얼마든지 물리칠 수 있었을 것이다. 리쿠르고스는 내부의 적을 물리치는 것으로 만족하지 않고, 개혁의 성과를 시험하고자 했다.

리더는 구성원들에게 꾸준히 새로운 목표를 설정해주는 데 탁월한 능력이 있어야 한다. 하나의 목표를 달성했다는 데 만족하는 것은 리더가 아니라 관리자일 뿐이다. 리더는 끊임없이 구성원들을 변화의 물결 속으로 밀어 넣어야 한다. 그것만이 조직의 침체를 사전에 방지하기 때문이다.

내부의 적은 침체에서 비롯된다. 작은 성과에 도취된 안일한 만족과 이 정도면 충분하다는 도덕적 해이의 모순이 내부에서 적을 양산시키는 밑거름이 되는 것이다. 흐르지 않는 물이 썩듯이, 변하지 않는 조직은 병든다. 조직을 변화시킨다는 것은 조직의 구성과 체계를 뒤흔든다는 뜻이 아니다. 계속해서 새로운 목표를 설정하고, 조직원들의 의식구조를 새롭게 설정된 목표에 적응시킨다는 의미이다.

리쿠르고스는 몰락 직전의 스파르타를 구해내기 위해 높은 윤리의식과 공동체 정신부터 확립시켰다. 이를 위해 계층간의 대립과 분열을 조장하는 물질주의를 적으로 규정했다. 이렇게 사회풍조를 저해하는 물질주의를 정복한 후에는 국민들을 하나로 통합하는 수순으로 공동식사, 공동육아 같은 공산사회를 강요했다. 만약 리쿠르고스가 사회통합이나, 사치, 향락 같은 내부의 적을 몰아내는 것만 강조했다면, 아무리 그 성과가 뛰어나도 언젠가는 또다시 예전의 부패를 되밟게 되었을지도 모른다. 다행히 리쿠르고스의 머릿속에는 보다 높은 목표가 숨어있었다. 나라를 바로잡은 것으로 그치지 않고, 적극적인 수단을 동원해 인접 국가들을 하나씩 점령해나간 것이다.

높은 곳을 오를 때는 더 높은 곳을 봐야 한다는 말이 있듯이 리쿠르고스는 스파르타인들에게 새로운 목표를 제시하는 데 탁월한 리더십을 발휘했다. 그 결과 스파르타는 부정부패를 근절시킨 것은 물론이고, 더 나아가 그리스 전역을 지배하게 되었다. 리쿠르고스가 단순히 눈앞의 적을 쫓아 부정부패를 근절시키는 데만 열중했더라면 이런 결과는 얻지 못했을 것이다.

뛰어난 의사는 뛰어난 처방전을 갖고 있다

리쿠르고스의 리더십은 안으로부터 썩기 시작한 조직의 병폐를 어떻게 근절시켜야 하는지 잘 보여주고 있다. 먼저 구성원 스스로가 상황의 심각성을 공유할 때까지 참고 기다려야 하며, 그 다음으로는 구성원들이 기대하는 것 이상의 높은 윤리적 사명감을 보여줘야 하고, 강요나 명령, 설득처럼 조직원들의 감상에 호소하는 것이 아니라 새롭게 제정한 원리원칙을 시행함으로써 자연스레 부패의 원인이라 할 수 있는 고질적인 폐단들을 제거해나가는 것이다.

구성원들에게 조직의 어느 부위가 병들었으며, 어떻게 해야 고칠 수 있는가를 설명하기보다는 일단 마취시킨 후 썩은 부위를 도려내는 과단성 또한 필요하다. 하지만 이 같은 방법은 구성원들에게 적잖은 희생을 강요하는 것이 된다. 자연히 반발이 생길 수밖에 없다. 그럴 때는 병을 고치기 위해 어쩔 수 없었다는 식으로 구차하게 변명하고 납득시킬 것이 아니라 병이 다 나은 후에 무엇을 할 계획이었다는 점을 환자에게 명확히 인식시키는 방법을 선택해야 한다. 그래야 환자도 자신의 희생이 헛되지 않다는 것을 깨닫게 된다.

리더는 자기를 따르는 구성원에게 희생을 요구해야 할 때가 많다. 특히 리쿠르고스처럼 새로 맡게 된 조직이 고사직전의 위기상황일 때는 더욱 그렇다. 그 과정에서 리쿠르고스는 스파르타인에게 과거의 악습을 벗어 던지고 자기가 시키는 대로 따르기만 하면 된다고 강요하지 않았다. 그는 스파르타인의 가치관부터 바꿔놓았다. 금으로 만든 돈을 없애고 무쇠돈을 사용하게 한 것이 좋은 예이다. 법만 바꿔놓았을 뿐인데, '돈이면 모든 게 가능하다'는 기존의 가치관이 '돈으로는 아무것도 할 수 없다'로 바뀌었다. 그리고 공동식사와 사유재산 폐지, 국가기관의 육아 등으로 스파르타인들의 불만이 고조되자, 리쿠르고스는 전쟁을 일으켜 이웃나라들을 정복했다. 공동식사를 통해 계층이 통합되고, 사유재산 폐지로 범죄가 소멸되며, 국가기관의 육아로 평등한 교육이 실천된다는 것을 국민들에게 납득시키는 대신, 전쟁의 승리로 개혁의 성과가 어떤 것인지, 그 동안의 눈물겨운 희생이 어떤 보답으로 돌아왔는지를 스파르타인 스스로가 깨닫게 만든 것이다.

내부의 적과 맞닥뜨린 리더는 내부의 적만 응시하는 잘못을 범해선 안 된다. 그가 내부의 적을 물리쳤다는 증거는 결국 바깥의 싸움에서 얻어지기 때문이다. 우리는 그 증거로서 리쿠르고스의 개혁적 성과를 살펴보았다.

세균의 잠복기를 주의하라

리쿠르고스를 통해 우리는 내부의 적을 어떤 방법과 원칙으로 청산해야 하는지 원론적으로나마 알게 되었다. 무엇보다 내부의 적과 마주쳤을 때는 눈에 보이는 적만을 쫓아다닐 것이 아니라 궁극적으로는 바깥의 싸움을 염두에 두고 조직을 재정비해야 한다는 점도 깨닫게 되었다.

이번에는 반대로 외부의 적과 맞서 싸울 때를 생각해보기로 하자.

리쿠르고스가 내부의 적을 물리치는 과정을 통해 외부의 적까지 제거하는 힘을 길렀다면, 파비우스(Fabius)는 외부의 적과 싸우면서 은폐되어 있던 내부의 적을 물리치는 데 성공했다.

로마의 명문 귀족가문에서 출생한 파비우스는 어린 시절 전세계로 뻗어나가는 로마의 국운을 마음껏 누리며 자라났다. 이 무렵 로마는 이탈리아 전역을 정복했고, 소아시아의 수많은 강대국들과 동맹관계를 맺으며 정치·사회·경제·군사·문화를 막론한 다방면에서 승승장구하고 있었다.

그러나 이 같은 발전 때문에 로마가 안고 있는 갖가지 문제들, 예를 들어 당파싸움이라든가, 몇몇 귀족들이 누리고 있는 경제혜택 및 군벌들의 불만, 정복지의 이민족과 로마의 원주민 사이에서 벌어진 차별과 갈등 등은 하루가 멀다하고 이어지는 개선식의 환호 속에 묻혀버리고 말았다.

이런 와중에 정계에 입문한 파비우스는 로마의 승리가 언젠가는 로마를 죽일 수도 있다는 불안감을 느끼게 되었다. 이러한 불안감은 파비우스만이 아니라 원로원의 중진들도 공유하고 있는 감정이었다.

하지만 로마의 위세는 이제 유럽을 뛰어넘어 아시아와 아프리카까지 넘보고 있었다. 정복지에서 공급되는 온갖 특산물들이 시장에 넘쳐났고, 로마인들은 풍요를 누리는 것으로 만족하지 않고 사치와 향락에 빠져들기 시작했다. 법령과 정치와 철학을 자랑하던 로마인들이 하루 다섯 번의 만찬과 건물과 사우나에 열광하기 시작한 것이다. 대다수의 로마인들은 이 같은 사회풍조가 로마를 병들게 하고 있다는 생각은 미처 하지 못했다. 오히려 사치와 향락이야말로 로마의 영원한 승리를 예언하는 징조쯤으로 여겼다.

그때 카르타고의 한니발이 공격해올 것이라는 소문이 이탈리아 전역에 퍼지기 시작했다. 당시 카르타고는 지중해를 사이에 둔 아프리카의 최강국이었다. 따라서 로마인들은 한니발이 이탈리아를 침공한다면 당연히 바다를 건너올 것이라 예상했고, 또 그렇게 준비를 갖췄다.

그런데 한니발은 역으로 알프스 산맥을 넘어 이탈리아 본토를 직접 공격하는 전술을 채택했다. 코끼리 부대를 이끌고 험준한 알프스 산맥을 종단한 것은 한니발이 처음이자 마지막이었다.

이 소식이 알려지면서 로마는 잠시 충격에 휩싸였다. 그러나 코끼리와 함께 알프스 산맥을 넘었다면 꽤 많은 희생을 치렀을 것이므로 대단한 전력은 아니라고 생각한 로마인들은 이탈리아 각 도시에 선제공격을 명령했다.

공포는 마음에서 비롯된다

한니발의 카르타고군은 로마인들이 생각한 것처럼 만만한 적군이 아니었다. 한니발은 알프스 산맥을 넘자마자 지금의 토리노와 밀라노 지방을 급습해 식량을 빼앗고 마을에 불을 지르는 등 정복하는 지역마다 초토화시켰다. 지방의 군소도시만으로도 충분할 것이라고 생각했던 로마인들은 한니발의 승리에 위기감을 느낀 나머지 집정관이었던 플라미니우스(Flaminius)가 직접 한니발과 싸우겠다고 나섰다. 한니발이 알프스 산맥을 넘어온 이후에 최초로 로마의 정규군이 나선 것이었다.

플라미니우스와 한니발은 에트루리아(Etruli) 부근에서 호수를 끼고 맞닥뜨렸다. 플라미니우스의 군대는 로마의 정예병답게 새벽부터 자정 무렵까지 싸웠으나, 한니발의 코끼리 부대와 스페인 출신 산악부대에게 기습을 당해 전멸하고 말았다.

이 소식이 로마에 전해지자 원로원은 신전으로 달려가 신탁을 물었다. 그러자 군신(軍神)의 방패에서 피가 흘렀다. 나쁜 징조였다. 군신의 방패에서 피가 흘렀다는 소문이 삽시간에 로마를 혼란으로 몰아넣었다. 그토록 용맹하던 로마인들이 단 한 번의 패전으로 피난민의 길을 선택한 것이다.

다음날 아침에는 한니발이 지옥에서 올라왔다느니, 코끼리들은 철갑피부를 두르고 있어서 죽지 않는다느니 하는 확인되지 않은 소문들이 미친 듯이 퍼져나갔다. 시민들의 혼란이 극에 달하자 원로원은 로마를 버리고 각자 살길을 구하라는 성명서를 배포했다. 그나마 믿었던 지도층들이 이렇게 나약한 모습을 보이자 일반 시민들은 재산을 팔아 로마를 떠날 기회만 엿보기 시작했다.

그 와중에도 각지에서 전령들이 올라와 한니발이 로마로 접근하고 있다는 소식을 계속해서 전해왔다.

안에서부터 이겨라

집정관 플라미니우스가 전사하자 로마는 권력붕괴의 조짐까지 나타나기 시작했다. 원로원마저 제 기능을 상실한 채 우왕좌왕하는 모습을 보였다. 귀족 중에서도 군대를 이끌겠다고 나서는 자가 없었다. 명망 있는 인사들조차 문을 걸어 잠근 채 피난준비에 열을 올렸다.

보다못한 파비우스가 집정관을 맡겠다는 의사를 내비쳤다. 경험 많고 노련한 파비우스는 한니발이 일시적으로 승리하는 것처럼 보여도 본국인 카르타고에서 병력과 물품을 조달 받지 못하는 이상, 승리는 결국 로마에게 돌아갈 것이라고 판단했다. 당시 이탈리아에서 이 점을 인식하고 있던 사람은 한니발과 파비우스뿐이었다.

국가적 위기에 집정관이라는 중차대한 임무를 맡은 파비우스는 비상시국인 만큼 군정관의 권력까지 행사하게 원로원에 해달라고 요구했다. 로마는 독재자의 출현을 막기 위해 정치와 군사를 철저히 양분했는데, 지금 같은 비상국면엔 통수권이 둘로 나뉘어져 내분만 쌓였다.

군정관과 집정관을 동시에 맡게 된 파비우스는 이번 전쟁의 목표가 한니발을 무너뜨리는 데 있지 않고, 병든 로마에 다시금 용기를 북돋아주는 데 있다고 믿었다. 그는 전쟁이라는 위기상황을 기회로 여겼다. 무분별한 번영으로 지난날의 영예로운 법과 질서의 소중함을 망각하고 위기를 자처한 로마인들에게 한니발은 외부의 적인 동시에, 그간 수면 아래 숨어있던 내부의 적을 물 밖으로 드러나게 만든 좋은 수단이었다. 이를 확고히 인식하고 전쟁에 나선 파비우스는 눈앞의 승리만을 좇지 않았다. 그의 정책은 한니발을 괴롭히는 한편으로 로마의 법치주의를 새롭게 확립하는 근간으로 작용했다.

파비우스는 근위 대장 겸 기마 대장으로 미누키우스(Minukius)를 임명했는데, 미누키우스는 성격이 용맹하기는 했으나, 옹졸하고 성급해서 파비우스의 부관으로는 전혀 어울리지 않는 자였다. 게다가 미누키우스는 파비우스의 정치적 라이벌의 측근이었다. 이 같은 결정으로 대다수의 로마인들은 충격을 받았다. 그러나 파비우스에겐 나름대로 생각이 있었다. 무익한 파벌싸움을 억제하고, 당파를 초월한 화합이 필요하다는 것을 보여주기 위해서였다.

집정관 파비우스의 첫 번째 인사조치가 미누키우스의 기병대장 임명일 것이라곤 꿈에도 생각지 못했던 반대파들은 정치적 휴전을 선언하고, 한니발과의 전쟁이 끝날 때까지 집정관의 명령에 무조건 복종하겠다고 나섰다. 권력층이 하나로 융화되자 동요하던 로마인들도 차츰 안정을 되찾고 단결하기 시작했다.

이어서 파비우스는 자신의 집무실을 신전으로 옮겼다. 그 당시 로마인들은 미신에 현혹되어 집집마다 신당이 있을 정도였다. 상황이 이렇다 보니 로마인들은 국가의 명령에 따를 생각은 않고, 각자 집에 들어앉아 기도만 하는 것이었다. 실제로 파비우스는 신앙심과 거리가 먼 사람이었지만, 로마인들의 뿌리깊은 신앙심을 이용하지 않고서는 분위기를 쇄신시킬 수 없다고 판단하여 집무실을 신전으로 옮기고 날마다 제사를 지냈다.

그러자 한니발에 대패한 까닭이 군대 때문이 아니라 신을 경시하고 경솔하게 행동한 지휘관 때문이라고 믿었던 일반 민중은 파비우스야말로 신을 두려워할 줄 아는 지휘관이라며 그에게 신뢰를 보냈다. 파비우스는 이처럼 로마인들이 미신에 현혹된 것을 눈으로 확인하고 개탄했지만, 지도자가 그들이 원하는 희망을 보여주지 못했기 때문에 사정이 이 지경에 이르렀다는 것을 더욱 개탄했다.

파비우스는 신전에서 제사를 마치고 나올 때마다 로마의 수호신은 로마인들이 예전의 용기를 되찾고 적군을 두려워하지만 않는다면 이 전쟁에서 승리하도록 도와줄 것이라는 신탁이 내려왔다고 알렸다. 그러자 대중은 점차 어리석은 미신에서 벗어나 로마인다운 용기와 인내심을 신앙과 동일하게 여기기 시작했다.

전술의 운용보다 이해가 먼저다

해이해진 나라의 기강을 어느 정도 바로잡았다고 판단한 파비우스는 인근 동맹도시에 전갈을 보내 한니발과 싸우지 말 것을 주문했다. 그리고 로마의 전군에도 이와 동일한 명령을 내렸다. 그는 처음부터 한니발의 허와 실을 정확하게 꿰뚫어보았다. 정면대결에선 제아무리 수가 많고 지리적으로 이점이 있는 로마군일지라도 전술에서 한 발 앞서는 카르타고군을 이긴다는 것은 쉬운 일이 아니었다. 파비우스는 전쟁의 승리만큼이나 인명피해를 줄이는 것 또한 중요하다고 믿었다.

파비우스는 로마와 인근도시들을 단단히 걸어 잠그는 지연작전을 채택했다. 카르타고의 전력을 충분히 소모시킨 후 월등한 군대와 군비를 동원해 손쉽게 정벌할 계획이었다.

카르타고군의 주력은 기병이었다. 하루에 말이 먹어치우는 건초만도 어마어마했다. 한니발은 지금까지 봐왔던 성급하고 공명심에 불타는 로마군이 일순간에 변한 것을 보고 불안감을 느꼈다. 파비우스는 항상 적보다 높은 곳에 진지를 쌓았다. 그리고 기회만 되면 당장 오늘밤이라도 기습할 것처럼 병사들이 갑옷을 벗지 못하도록 했다.

그러나 시일이 지나도 파비우스는 공격명령을 내리지 않았다. 그러는 동안 한니발은 로마를 제외한 이탈리아 전역을 정복해나갔다. 처음 파비우스가 집정관이 되었을 때만 해도 병사들은 그가 위대한 장군이며, 로마에서 가장 용감한 인물이라고 생각했는데, 산꼭대기만 골라 진지를 쌓고 적군이 눈앞에서 온갖 약탈을 자행해도 조용히 숨어있는 것을 보곤 파비우스가 전쟁을 모르는 사람이라고 여기게 되었다. 카르타고군도 파비우스 같은 겁쟁이가 로마의 집정관이 된 것은 하늘이 로마를 버린 증거라며 기뻐했다. 오직 단 한 사람, 한니발만이 아둔해 보이는 파비우스야말로 시류를 정확히 읽는 눈과 단 한 번의 기회로 모든 것을 끝장낼 수 있는 완벽한 전략가라고 생각했다.

한니발은 이대로 시간을 끌게 되면 수적으로나 물리적으로 불리한 카르타고군이 패하게 될 것이라는 점을 알고 있었다. 알프스를 살아서 넘어온 병사들 중 3분의 1이 전투로 죽은 상황이었다. 벌판에서의 단판 승부는 자신이 있었지만, 현재의 병력으로 문을 굳게 걸어 잠근 성들을 함락시킨다는 것도 쉬운 일은 아니었다. 게다가 파비우스는 무섭도록 조용하게 자신이 스스로 무너질 때까지 기다리고 있었다. 한니발은 어떻게든 파비우스를 전면전으로 이끌어내야만 전쟁의 승산이 자신에게 유리한 방향으로 전개

되리라고 생각했다.

파비우스도 한니발만큼이나 이 전쟁을 오래 끌고 싶지 않았다. 지연작전에 불만을 품은 병사들은 공공연히 파비우스를 가리켜 한니발의 개라고 모욕했다. 군대의 사기는 극도로 떨어졌다. 무엇보다 군인으로서의 명예와 자존심이 짓밟혔다는 불만이 극에 달해 잘못하다간 폭동으로 번질 조짐까지 보였다. 특히 기병대장 미누키우스의 반발은 예사롭지 않았다. 가뜩이나 파비우스를 못마땅하게 생각하던 미누키우스는 집정관께서 이탈리아가 불타는 것을 지켜보는 동안, 자기는 한니발을 사로잡아오겠다며 군사들을 부추겼다.

파비우스 측근들의 불만도 고조되었다. 그들은 왜 지연작전의 의도를 병사들과 국민들 앞에 속 시원히 털어놓고 동의를 구하지 않느냐고 따졌다. 그러자 파비우스는 이번 전쟁은 두 가지 적과 싸우는 중인데, 첫째는 부정부패로 얼룩진 로마이며, 둘째는 한니발이라고 대답했다. 그러면서 한니발에게 패하는 것은 부끄럽지 않지만, 병든 로마에게 패하는 것은 수치스럽다고 말했다. 파비우스는 심각한 갈등을 조장해서라도 로마에 잠재되어 있는 모든 악습과 폐단을 송두리째 드러낸 후 한니발과 더불어 깨끗이 전멸시키고자 계획했던 것이다.

숨어있는 의지를 끌어내라

　마지막 희망이었던 파비우스마저 한니발에게 끌려 다니는 것을 보고 로마인들은 희망을 완전히 포기했다. 사회가 무질서와 혼란으로 방치되어도 누구 한 사람 법과 정의, 질서를 들먹이려는 사람이 나타나지 않았다. 그것도 모자라 특권계층은 자기들의 재산을 지키기 위해 벌써부터 한니발에게 사람을 보내 구원을 요청할 정도였다. 그러나 파비우스는 이 모든 상황을 묵묵히 지켜보기만 했다. 한니발도 아직 지치지 않았고, 로마도 아직 그 부패의 정도를 다 드러내지 않았다고 생각했기 때문이었다.

　거듭되는 승리에도 불구하고 한니발의 조바심은 더욱 커져만 갔다. 파비우스가 지연작전으로 로마군 내에서도 불신을 당하고 있다는 것을 알게 된 한니발은 그를 곤경에 빠뜨릴 속셈으로 이탈리아 전역에 불을 질렀다. 그러나 파비우스의 농장과 그 친척들의 재산은 감시병까지 두어 지켜주었다. 이 소식이 로마에 퍼지자 시민들은 지금 당장 파비우스를 소환해 법정에 세워야한다고 소란을 피웠다. 그때 한니발이 파비우스에게 포로교환을 제의했다. 포로교환은 1 대 1 방식이었는데, 로마군 포로가 240명 더 많았다.

　파비우스는 한니발에게 돈을 주는 한이 있더라도 이들 포로를 구해야 한다고 원로원에 건의했다. 하지만 원로원은 군비도 모자라는 판에 포로까지 구할 돈은 없다며 거절했다. 그러자 파비우스는 자기 재산을 팔아 포로들을 모두 돌려 받았다.

이로 인해 파비우스는 또 한 번 곤욕을 치렀다. 그의 반대파들, 특히 미누키우스는 한니발이 지칠 때까지 기다리겠다고 말한 게 엊그제인데, 이제 와서 돈을 쥐어주는 건 무슨 작전이냐고 비아냥거렸다.

그러나 파비우스의 이 같은 행동을 통해 그에게 적대적이었던 군심(軍心)이 파비우스를 우호적으로 여기게 되었다. 의식 있는 로마인들은 파비우스야말로 땅에 떨어진 로마의 자존심과 명예를 지켜낸 인물이라고 칭송했다. 송환된 포로들이 자기 몫을 갚게 해달라고 부탁하자, 파비우스는 로마인다운 용기와 절제로 그 빚을 갚아달라고 말해 또 한 번 부하들을 감동시켰다.

통찰력 – 가까운 곳을 넓게 보는 힘

이 와중에도 본토의 여론은 최악이었다. 원로원은 민의에 따라 파비우스를 송환했다. 자연히 군의 전권은 당분간 미누키우스가 맡게 되었다. 파비우스가 본토로 송환된 것을 알게 된 한니발은 바로 지금이 전쟁을 끝낼 수 있는 좋은 기회라고 판단하여 미누키우스를 도발했다. 미누키우스는 기다렸다는 듯이 출격했고, 한니발은 거짓으로 패퇴한 척, 도주했다. 어쨌든 이것이 로마군이 최초로 한니발에게 거둔 승리였다.

미누키우스는 곧바로 원로원에 승전보를 올렸다. 파비우스가 군을 떠나자마자 한니발을 물리쳤다는 소식이 곧 로마에 도착했다. 축제와 개선식에 중독된 로마인들은 이 작은 승리에도 도취되어 성대한 축하행사를 개최했다. 단 하루만에 도시는 술과 기름진 음식에 점령당했다. 파비우스는 절친한 친구에게 이 꼴을 보느니 차라리 한니발에게 점령당하는 꼴을 보는 게 낫겠다고 말했다.

원로원은 파비우스의 지연작전에 대해 해명을 요구했다. 파비우스는 해명 대신 군령을 어긴 미누키우스를 처벌해야겠다고 대답했다. 이 말에 군중이 술렁거렸다. 군령을 어긴 자는 로마법에 따라 무조건 사형이었다. 로마에게 한줄기 구원을 안겨준 미누키우스가 늙고 망령 난 파비우스의 손에 죽는 건 아닌지 다들 두려워했다. 오랜 회의 끝에 원로원은 미누키우스에게도 파비우스와 동일한 권한을 맡긴다고 결정했다. 로마 역사상 처음 있는 일로서 사실상 파비우스의 직권면직이나 다름없었다. 그의 친우들은 더 이상 불명예를 겪지 말고 이쯤에서 그만두라고 충고했다. 그러나 파비우스는 대의(大義)가 무엇인지를 아는 사람이었다. 그는 원로원의 결정을 따르겠다는 말만 남기고 다시 전쟁터로 향했다.

많은 리더들이 올바른 정책을 수립해놓고도 내부의 반발과 여론의 비난을 못 이겨 정책을 수정하거나 번복하는 경우가 있는데, 그것은 대의를 구별하지 못한 행동으로 비난받아 마땅하다. 리더에게 대의란, 여론의 찬성이 아니다. 리더가 반드시 지켜야할 유일한 대의는 자신이 처음부터 생각해왔던 결정을 지키는 것뿐이다. 이런 점에서 파비우스는 리더의 자질을 갖춘 인물이라고 생각된다.

대외적인 너그러움을 보여라

전장에 복귀한 파비우스는 미누키우스와 하루씩 번갈아 가며 지휘권을 맡기로 합의했다. 미누키우스는 지휘권을 맡은 첫날, 이른 새벽부터 북을 두들기며 한니발에게 싸움을 걸었다. 오래 전부터 이 순간만을 기다려온 한니발이었다. 이 전투로 로마까지 진격하겠다고 마음먹은 한니발은 코끼리 부대를 앞세워 무섭게 진군해왔다.

오전까지는 미누키우스도 그럭저럭 버텼지만, 명예욕에 눈이 먼 미누키우스에게 이 전쟁은 출세를 위한 지름길에 지나지 않았다. 그에 비하면 한니발은 정복자로서의 무자비한 야만성을 드러내며, 조금씩 로마군의 본진으로 접근하기 시작했다. 결국 정오 무렵에 미누키우스는 한니발이 군을 매복시킨 막다른 산밑에 갇히는 신세가 되었고, 빗발치는 화살을 피하려고 자기도 모르게 말에서 뛰어내렸다. 그 모습을 본 다른 병사들도 말에서 뛰어내렸고, 카르타고군은 인정사정 볼 것 없이 창칼을 휘둘렀다.

이 같은 상황을 예상하고 있던 파비우스는 전군에 명령을 내려 출동했다. 파비우스는 지연작전 때문에 가려져 있긴 했지만, 수많은 전투를 경험한 맹장이었다. 그는 군을 3대로 나눠 주력인 기병대를 좌우에 포진시켰다. 파비우스가 달려나오자 한니발은 미누키우스를 제쳐놓고 곧장 그에게 달려들었다. 예상외로 로마군은 중앙을 쉽게 내줬다. 승리에 도취된 한니발은 미친 듯이 군대를 몰았고, 그 순간 좌우에 포진되어 있던 로마의 기병대가 한니발을 에워쌌다. 그 때쯤엔 사지에서 풀려난 미누키우스도 나머지 잔병들을 이끌고 적의 후미를 공격하고 있었다.

전투는 밤이 늦어서야 끝이 났다. 양측은 이 전쟁을 통틀어 가장 많은 사상자를 냈다. 겉으로 보기엔 무승부였으나, 실질적으로 원군을 기대할 수 없는 한니발로서는 전쟁을 거의 포기해야 할 정도의 쓰라린 무승부였다.

죽다 살아난 미누키우스는 파비우스의 진영 앞에 무릎을 꿇고 군법으로 다스려달라고 부탁했다. 파비우스는 미누키우스의 손을 일으키며 우리는 다 같은 로마인일 뿐이라고 말했다. 그 말을 듣고 크게 감격한 미누키우스는 파비우스를 아버지라고 불렀다. 다른 병사들도 파비우스를 아버지라고 불렀다.

외부의 적과 내부의 적

이 전투를 기점으로 카르타고군은 군대가 아닌, 한낱 산적에 불과한 처지로 전락하고 만다. 원로원은 파비우스의 지연작전을 받아들여 동맹도시들에 전투를 금하고, 한니발이 스스로 몰락할 때까지 기다리라는 명령을 내렸다. 파비우스는 한니발의 도주로를 차단하는 것은 물론이고, 카르타고가 원군을 보내는 것도 방지하기 위해 항구들을 모두 봉쇄시켰다. 이렇게 되자 한니발은 이탈리아 각지를 떠돌며 약탈을 일삼아 목숨을 부지하는 수밖에 없었다.

얼마 후 로마군이 카르타고를 공격하자 한니발은 소수의 병사들을 이끌고 본국으로 후퇴하고 말았다. 이것으로 로마는 2차 포에니 전쟁의 승리자가 되었다. 포에니 전쟁의 승리로 로마는 제국의 영토를 아프리카와 현재의 스페인인 이베리아 반도까지 확장시켰다. 지중해의 패권자로서 세계제국의 기초를 건설하게 된 것이다.

그러나 포에니 전쟁의 승리로 얻은 것은 영토만이 아니었다. 사치와 향락, 부정부패, 우상숭배 등으로 혼탁해져있던 로마의 병폐까지 한 번에 소멸시키는 이득을 보았다. 이는 어디까지나 파비우스의 리더십에 의한 결과였다. 오랜 역사를 통해 로마는 수많은 전쟁을 치렀지만, 국가의 존립을 위협받을 만큼 위험했던 순간은 한니발이 일으킨 전쟁과 게르만인들이 남하할 때였다.

둘 다 이민족의 침입이 문제였다. 전자는 로마에게 영광이 된 반면에, 후자는 로마가 멸망하는 결정적인 계기로 작용했다. 같은 조건하에서 이토록 상반된 결과가 나온 까닭은 단연 리더십의 부재에 있다고 하겠다. 한니발 전쟁 때는 파비우스라는 리더십이 있었고, 게르만인들이 남하할 때는 네로라든가, 카리큘라, 갈바 같은 어리석은 황제들의 치세로 로마는 제 풀에 쓰러지기 직전이었다.

그렇다고 후자의 시대에 로마의 군사력이 나약했던 것은 아니다. 오히려 군부의 권한은 황제를 뛰어넘을 정도였다. 다만 사태를 파악하고 정책을 결정하는 리더십이 문제였던 것이다.

한니발이 쳐들어오자 위기의 로마는 파비우스를 리더로 삼는다. 파비우스는 그가 입버릇처럼 말했듯이 한니발보다 로마를 더 큰 적으로 여겼다. 궁극적으로는 전쟁에서의 승리보다 병든 로마를 예전과 같이 회복시키는 것을 더 중요하게 여겼다. 내치를 통해 바깥으로 눈을 돌렸던 리쿠르고스와 정반대 되는 리더십이다.

뜻하지 않은 위기가 닥쳐오자 거듭되는 승리로 그 동안 통감하지 못했던 로마 사회의 병폐들이 속속들이 드러나기 시작했다. 집단간의 이기주의, 당파싸움, 우상숭배, 물질만능주의 같은 사회악이 처음으로 그 실체를 드러낸 것이다. 파비우스는 한니발을 이기는 것도 중요하지만, 한니발을 기회로 내부의 적부터 물리치는 것이 더 중요하다고 봤다. 실제로 로마의 군사력 정도라면 카르타고군에 그토록 쉽게 무너질 정도는 아니었으나, 내부의 적은 외부의 적보다 더 치명적으로 로마를 공격했다. 조직의 생사가 달린 문제에서도 집단간의 이기주의가 극에 달했고, 전쟁을 기회로 부정한 수단을 동원해 재물을 긁어모으는 귀족들까지 판을 쳤다. 이것은 어느 한 순간 그렇게 된 것이 아니라 오래 전부터 사회적으로 이같은 풍조가 만연해 있었다는 것을 뜻한다. 파비우스에겐 한니발을 이기는 것보다 더 시급한 문제가 로마의 부패부터 척결하는 것이었다. 내부의 적을 제압하는 것이 곧 외부의 적을 제압하는 최선의 방법이었기 때문이다. 이를 위해 파비우스는 철저히 지연작전을 사용했다. 적의 막강한 전력을 소모시키는 한편, 내부의 적을 파헤칠 시간도 벌었으니 말이다.

이에 반해 훗날의 로마는 막강한 국력을 보유하고 있음에도 외부의 적을 막는 데만 급급한 나머지 내부의 적을 방치하는 잘못을 범하고 말았다. 그 결과 제국은 분열되고, 영광은 잊혀지게 되었다.

이는 스파르타도 마찬가지였다. 리쿠르고스는 내부의 적을 제거하기 위해 수많은 정책과 법령을 시행했지만, 결과적으로는 외부의 적을 물리칠 힘을 기르는 것이 목적이었다. 그러나 후대의 스파르타는 외부와 철저히 격리되어 그들만의 법과 질서를 지키는 데 만족했고, 결국 로마의 칼에 멸망하고 말았다.

3

술라와 테미스토클레스
우울한 욕망과 권력의 본질

3
우울한 욕망과 권력의 본질

술라와 **테미스토클레스**

성격이 리더십에 미치는 영향

　사람에겐 타고나는 천성이 있다. 이 천성은 단지 성격이라는, 사람의 성품에 머무르지 않고 한 인간의 생애를 마음대로 결정해 버린다. 만약 운명이라는 것이 실제로 존재한다면 그 증거는 단연 성격일 것이다. 이 성격은 인간의 내적 형성에 모두 관여한다. 취미부터 소질, 인성까지 성격의 지배를 받기 때문이다.

　리더십 또한 마찬가지라고 생각한다. 리더십은 교육으로 계발시킬 수 있는 재능이 아니다. 아무리 훌륭한 가정교육과 뛰어난 사회교육을 경험했더라도 그가 조직의 수장으로서 맨 앞에 나설 능력이 있는가를 증명해주지는 못한다. 제아무리 위대한 리더 밑에서 오랜 세월 참모로서 그 역할을 다했다고 할지라도 리더가 될 수는 없다는 말이다. 이처럼 리더십은 개인이 걸어온 양력과 무관하게 발생한다.

다수의 리더들이 타인의 눈으로 자신의 리더십을 결정지으려는 잘못된 습성에 젖어있다. 그가 보여준 리더십이 훌륭한가, 아닌가를 판단하는 기준은 결국 구성원들의 눈에 달려있기 때문이다. 그러나 이것은 결과론적인 판단일 뿐, 리더 개인에게 눈을 돌린다면 자기의 의사와 상관없이 모든 과정을 바깥의 시선을 고려하여 진행시킨다는 것은 매우 불행한 일일 것이다. 엄밀히 말해서 리더란, 타인을 위해 존재하는 것 같지만, 실제로는 자기 만족을 위해 일하는 사람이다. 리더의 목표는 다른 사람을 지배하는 데 있다. 리더십은 다른 사람을 위해 어떤 일을 했느냐에 목표를 두지 않는다. 어떻게 지배했느냐를 그 목표로 삼는다. 다만 결과론적인 의미에서 보다 효율적으로 지배하기 위해 채택한 정책과 비전들이 장기적으로는 구성원들의 발전에 기여한 데 불과하다.

물론 공동체의 관점에서 봤을 때 리더는 공동체의 일원에 지나지 않는다. 공동체에서 리더십이란 대다수 구성원들의 필요를 충족시키는 데 필요한 일종의 요구사항일 뿐이다. 그러나 리더의 개인적인 측면으로 시점을 옮겨본다면, 리더십이란 한 인간의 개성이 사회적으로 표출된 성격의 영역에 해당한다고 단정지어도 큰 무리는 아닐 것이다.

리더의 가치관이 결정한다

우리는 이 장에서 두 인물의 삶을 관찰할 예정이다. 루키우스 코르넬리우스 술라(Lucius Cornelius Sulla)와 테미스토클레스(Themistocles)가 그 주인공들이다.

술라는 로마의 정치가이자 장군으로서 잔인하고 포악한 성격으로 악명을 떨쳤다. 그가 집권한 뒤로 로마의 가치관은 일순간에 세속적인 물욕으로 갈아엎어질 정도였다. 테미스토클레스는 아테네의 수장으로서 페르시아군을 그리스에서 몰아낸 위대한 인물이었다. 그러나 명예와 권세를 탐하는 그의 성격은 위대한 승리에도 불구하고 아테네 시민의 미움을 사기에 충분했다.

우리가 이들의 지나온 삶을 살펴보려는 것은 올바른 리더십이 무엇인가를 배우기 위해서가 아니다. 사실 술라와 테미스토클레스는 현대의 정신병리학으로 진단해봤을 때 문제가 매우 많은 인물들이었다. 그런 인물들이 로마와 아테네라는 고대사회의 양대 산맥을 지배할 수 있었는지 그 과정을 들여다보기 위해서다.

리더는 매우 특별한 위치다. 평온한 시대에는 리더십이 필요 없다. 마치 정의로운 세계가 도래하면 법이 폐지되는 것과 마찬가지다. 법은 정의를 위해 존재하지만, 정의의 도래와 함께 사라진다. 리더십은 혼탁한 질서를 바로잡고 조직을 반석 위에 올려놓는 것이 목적이지만, 그렇게 되면 조직원들은 리더십의 효용에 의문을 느끼게 된다. 이것이 리더의 숙명인 것이다. 그래서 리더들은 때론 자신의 천성과 어울리지 않는 구성원들의 요구를 수용하기도 하고, 조직의 안정을 위해 거부하고 싶은 환경과도 서슴없이 타협한다. 그 또한 리더십이라고 생각하기 때문이다.

오늘날의 리더십이 요구하는 보편적인 가치는 리더가 아닌 구성원들에게 그 초점이 맞춰져 있다. 마치 구성원의 요구에 순응하고 조직의 안녕에 위배되지 않는 평탄한 길만 고집하는 것이 뛰어난 리더십으로 인정받는 것이다. 이에 반해 술라와 테미스토클레스의 삶은 독선과 아집의 결정판이었다. 그들은 다스린다는 게 어떤 것인지를 몸소 실천한 인물들이다. 기존의 가치관과 구성원들의 운명을 송두리째 뒤집어놓는 한이 있더라도 철저하게 리더 자신의 욕망을 채우는 데 주력했다.

그런 점을 볼 때, 술라와 테미스토클레스는 실패한 리더임에 틀림없다. 하지만 그들의 타고난 천성, 즉 지배와 파괴를 동시에 누리고 싶어하는 개인적 욕구를 만족시켰다는 점에서 본인 스스로 리더라는 위치를 충분히 누렸을 것으로 생각한다. 어쩌면 그것이야말로 리더십의 본질일지도 모른다는 생각이 든다.

혈통은 반드시 계승된다

　루키우스 코르넬리우스 술라의 인생부터 살펴보기로 하자.

　술라는 로마의 귀족출신이었다. 조상 중에는 집정관을 지낸 인물도 있었다. 루피누스(Lupinus)라는 사람이었는데, 이 자는 집정관에 오른 것보다 그 자리에서 추방된 것으로 더욱 유명했다. 로마는 집정관의 집에 은으로 만든 장식품이 있어선 안 된다고 법으로 정해놓았는데, 루피누스의 집에서 은접시가 발견되는 바람에 원로원에서 축출되었다. 조상 때부터 술라의 가문에는 부정에 대한 탐욕이 싹트고 있었다는 반증이다.

　술라 시대의 로마인들은 조상들에 비해 청렴과 순결에 대한 의식이 희박했다. 그들은 조국의 영광을 퇴폐와 사치와 남용으로 허비하는 데 바빴다. 루피누스 시절에 술라가 태어났더라면 그는 사회의 암적인 존재로 취급받았겠지만, 줄리어스 시저(Julius Caesar)의 외삼촌인 마리우스(Marius)가 지배하던 당시의 로마는 술라와 같은 반동적이고 윤리적으로 결여된 성격을 가진 인물이 출세하기엔 더없이 좋은 조건을 갖추고 있었다.

　여기서 잠깐 그의 성격을 대략적으로 살펴본다면 광대기가 다분하여 노는 것을 좋아했고, 색(色)에도 밝았다. 본격적으로 정계에 입문하기 전부터 떠돌이 광대나 가수들과 어울렸고, 마침내 로마의 실권을 장악했을 때는 원로원 근처에 야외 극장을 만들거나, 밤새도록 술판을 벌이는 등 죽을 때까지 술과 노래와 여자를 끼고 살았다. 그런 술라에게도 리더로서의 책임 내지는 양심이 있었는지 잘 모르겠지만, 제멋대로 살기 위해서는 로마인들에게 그만큼 많은 값을 지불해야 한다는 의식만은 분명히 하고 있었다. 그래서인지 술라는 엄청나게 많은 사람을 죽였지만, 또 그만큼 엄청나게 많은 사람을 살려내기도 했다.

작은 기회도 크게 만들어라

술라와 여러 면에서 비슷한 성격을 가졌지만, 술라보다는 외부의 시선에 좀더 민감했던 마리우스가 리비아와 전쟁을 일으키자 술라는 재무관으로 전쟁에 따라나섰다. 몇 번의 전투에서 공을 세운 덕택에 마리우스의 부장으로 진급한 술라는 우연히 누미디아(Numidia)의 왕인 보쿠스(Bocus)와 가까운 사이가 되었다. 누미디아에는 두 명의 왕이 있었는데, 한 명은 보쿠스였고, 다른 한 명은 보쿠스의 사위인 쥬굴타(Jugulta)였다. 쥬굴타는 리비아와 함께 로마를 대적했고, 보쿠스는 정세엔 관심 없이 어떻게 하면 사위를 죽이고 누미디아의 왕권을 한 손에 쥘까만 생각하는 인물이었다. 그런 인물이었으니, 술라와는 첫 만남부터 죽이 잘 맞았다. 술라는 보쿠스를 도와 쥬굴타를 생포하여 마리우스에게 압송했다. 리비아는 점령하지 못했지만, 쥬굴타를 사로잡는 데 성공한 마리우스는 공로를 인정받아 개선식을 가질 수 있게 되었다.

하지만 이 일로 술라는 직속상관이며, 로마의 권력자인 마리우스와 불편한 관계가 되었다. 천성이 교만한 술라는 어떻게든 자신의 공로를 내세우고 싶은 나머지 쥬굴타를 사로잡은 장면을 반지에 새겨 넣어 끼고 다녔기 때문이다. 마리우스는 이 일로 화가 나서 술라를 죽여버릴까 하다가 아직 쓸모가 있다는 생각에 게르만족과의 전쟁에도 참전시켰다. 술라는 그 보상으로 군무위원 자리를 원했으나, 마리우스는 한마디로 거절했다. 지금은 보잘것없는 부장의 신분이지만, 술라의 뱃속은 아무리 많은 권력을 탐해도 채워지지 않을 것이라는 점을 본능적으로 느꼈기 때문이었다.

마리우스의 낌새가 예사롭지 않다는 것을 깨달은 술라는 마리우스의 정적인 카툴루스(Catulus)에게 넘어갔다. 카툴루스는 정치적인 세력에서는 마리우스와 비슷했으나, 천성이 겁쟁이여서 전쟁은 죽기보다 싫어하는 인물이었다. 그런데 마침 쥬굴타를 사로잡은 젊은 장수가 몸을 의탁해오자 기쁜 마음으로 술라를 받아들였다.

술라도 그때쯤엔 권력의 힘을 맛본 뒤였다. 비천한 하급장교에서 일순간에 카툴루스 같은 대정치가의 군대를 이끄는 장군으로 신분이 수직 상승하는 것을 경험한 술라는 마리우스를 몰아내고 로마의 권력을 움켜쥐어야겠다는 야심을 품기에 이르렀다.

단점을 보완하지 말고, 장점을 극대화하라

술라는 겉으로 보기엔 도덕관념이 전무한 인간으로 보였으나, 자기자신에 대해서만큼은 다른 어떤 인물보다 위선적이지 않았다. 그는 자신에게 정치적 수완이 부족하다는 것을 잘 알고 있었다. 성격이 불 같아서 정치적으로 화해하거나, 여론을 한데 모으는 것 같은 짓은 죽었다 깨어나도 자신이 없었다. 그 대신 칼을 쓰는 일이라면 자신이 있었다. 게다가 지금 로마는 정치력보다 칼이 더 필요한 시기였다. 카툴루스처럼 정치에 밝은 인물이 칼잡이에 불과한 마리우스에게 밀리는 까닭은 물리적인 힘이 부족했기 때문이었다.

술라는 대권을 향한 참을 수 없는 욕망과 그 대권을 손에 쥘 수단이 자기에게 있다는 것을 확신했다. 그는 로마의 영광 따위는 처음부터 생각해보지도 않았다. 로마 시민에게 기쁨을 주는 리더십으로 세상을 변화시켜보겠다는 생각도 하지 않았다. 단지 로마를 지배하고 싶다는 욕망에 충실하기로 마음먹었다. 자기를 우습게 알고, 자기 가문을 비난했던 귀족과 원로원을 발 앞에 엎드러지도록 만들고 싶었다. 정치적 수완이나, 도덕적인 청렴함으로 로마의 1인자가 되는 것은 술라 본인이 생각하기에도 자기와 어울리지 않았다. 그는 가장 자신 있는 덕목, 즉 피와 공포를 통해 자기가 원하는 것을 얻어내기로 작정했다.

명예와 실리-동전의 양면

정치적 후원자인 카툴루스가 마리우스를 대신해 집정관에 선출되자 술라는 곧 군무위원이 되었다. 카툴루수는 정치에만 신경 쓸 뿐, 군사적인 문제는 모두 술라에게 맡겼다. 술라는 이 기회를 놓치지 않고 알프스의 야만족들을 모두 정복하는 성과를 올렸다. 이로써 술라는 큰 공명을 떨치게 되었다. 당시 로마군은 '대항하는 적은 끝까지 섬멸하고, 항복하는 적은 반드시 살려둔다'라는 명예로운 원칙을 자랑했는데, 술라는 이를 철저히 배반했다. 그는 대항하는 적도 뇌물이나, 여자처럼 자기가 원하는 것을 내놓으면 용서해주었고, 항복하는 적도 마음에 들지 않거나, 요구사항을 들어주지 않으면 가차없이 학살했다. 처음엔 군 내부에서 반발이 심했다. 명예를 목숨보다 중요하게 여겨야 한다고 교육받았기 때문이다. 그러나 술라는 살아오면서 누구한테도 그런 교육을 받아본 적이 없었기에 아무리 부장들이 설득해도 요지부동이었다.

술라에게 전쟁은 명예가 아닌, 실리를 얻기 위한 수단에 불과했다. 전쟁의 결과가 단지 명예뿐이라면 처음부터 칼은 잡지 않았을 것이다. 그는 부하들에게도 그까짓 명예나 조국애 때문에 죽기살기로 싸울 바에야 부와 권세를 위해 싸우는 게 낫지 않느냐고 독려했다. 그러면서 전리품의 대부분을 부하들에게 아낌없이 나눠줬다.

이는 명백한 불법이었다. 로마법에 모든 전리품은 시민들의 것이었다. 그러나 부하들은 법을 어겨가면서도 자기들의 안위를 염려해주는 리더에게 큰 감명을 받았다. 그의 야심이 무엇을 노리고 있는지 잘 알고 있던 측근들은 전리품 때문에 군대의 사랑은 받게 될지 모르지만, 로마 시민에겐 미움을 받게 될 것이라고 충고했다. 그러자 술라는 자기에게 필요한 권력은 로마 시민으로부터 나오는 게 아니라 군대로부터 나오기 때문에 로마 시민들이 미워하든 말든 상관없다고 잘라 말했다. 그는 이처럼 자신에게 유리한 대로만 사태를 해석하고 파악하려는 단순한 시각으로 일관했는데, 시대가 복잡해서 그랬는지 언제나 원하는 결과를 얻을 수 있었다.

알프스의 야만족들을 정복하고 돌아온 술라는 자기를 향한 민심을 알아보기 위해 법정관 선거에 입후보했다. 그러나 유세 때마다 야유와 조롱이 쏟아졌다. 상대 후보들은 술라가 어디 있어야 하는지 모르는 것 같다고 비웃었다. 결국 술라는 생각보다 큰 표

차이로 낙선하고 말았다. 선거를 통해 자기는 정치에 전혀 어울리지 않으며, 로마 시민들도 자기에게 우호적이지 않다는 것을 확인한 술라는 낙망하기는커녕 차라리 잘 됐다고 판단했다. 그는 정치공작을 때려치우고, 모든 로마인들이 자기 앞에서 벌벌 떨 정도의 군사적 성과를 얻어낸 후 이를 바탕으로 정계를 쓸어버려야겠다고 작심했다. 로마인들에겐 불행이었지만, 술라에겐 가장 술라다운 방법이었다.

그러기 위해서는 우선 힘을 길러야 했다. 하지만 로마는 아직도 마리우스 일파가 단단히 쥐고 있었기 때문에 도저히 힘을 기를 재간이 없었다. 그때 페르시아왕 미트리다테스(Mitridates)가 로마의 큰 골칫거리로 떠올랐다.

술라는 아르메니아를 정복한다는 명목으로 원로원의 승인을 받아 로마를 떠났다. 표면상 아르메니아 정복이 목적이라고 했지만, 마리우스에 앞서 미트리다테스의 기세를 꺾어놓는 게 주목적이었다.

술라는 기존의 로마 장군들과 달리 이방민족들과 절친한 친분관계를 유지했다. 성장과정이 유난히 험난했던 술라는 맨 밑바닥에서부터 올라왔기 때문에 야만인 앞에서도 로마인이라는 우월감이 전혀 없었다. 그 때문에 포악하고 잔인하며, 주색을 유별나게 밝히는 그의 비뚤어진 성품에도 불구하고 병사들과 이민족 왕들은 그가 매우 겸손한 사람이며, 함부로 상대방을 차별하지 않는 공명정대한 인격자라고 여겼다.

뜻밖에도 외국에서 좋은 평가를 받게 된 술라는 다른 나라의 갈등에 적극적으로 개입하기 시작했다. 어느 나라나 정치적 갈등이 있기 마련인데, 술라는 이를 통해 자기에게 필요한 것들을 하나씩 얻어나갔다. 자기에게 보다 많은 도움을 줄 것으로 예상되는 집단을 돕는 방식으로 각 나라에 새로운 정권을 세운 것이다. 그들은 여전히 로마를 적대시했으나, 적어도 술라에게만큼은 권력을 쟁취하는 데 도움을 준 동지로 받아들였다.

술라가 방문하는 나라마다 정변이 일어났고, 무수히 많은 사람들이 살해되었다. 그러나 이를 통해 술라는 원하는 것을 모두 얻어냈다. 술라가 낯선 외국이라는 환경이 무색할 정도로 산악지역에 분포된 야만인들을 무차별적으로 섬멸할 수 있었던 것도 이런 식으로 친분관계를 맺은 이웃 왕들의 도움 덕택이었다.

이 같은 전과로 술라는 이제 로마에서 누구도 무시 할 수 없는 군벌로 새롭게 등장했다. 정치력은 카툴루스의 도움이 전부였으나, 외국에서의 거듭되는 승리로 마리우스에 대적할만한 군사적 힘을 기르는 데 성공한 것이다. 그 전까지만 해도 리비아를 공격할 때 보급이나 담당했던 술라라며 우습게 알던 마리우스도 어느새 세력이 코앞까지 당도한 술라에게 상당한 위협을 느끼기 시작했다.

바로 그때 둘 사이를 갈라놓는 결정적 계기를 제공한 보쿠스왕이 로마를 방문했다.

욕구는 가장 훌륭한 멘토(Mentor)다

마리우스는 술라와 달리 명예에 대한 집착이 강한 인물이었다. 그도 그럴 것이 마리우스의 집안은 로마에서도 알아주는 명문귀족이었다. 물론 그 같은 신분은 결혼을 통해 얻어진 것이긴 하지만, 파비우스를 도와 카르타고(Cartago)를 정복한 스키피오(Skipio)의 부장이었던 마리우스의 사고체계는 뒷골목 주먹으로 인생을 시작한 술라와는 여러모로 다를 수밖에 없었다.

술라는 태생적인 환경이 좋지 못해서인지는 모르겠지만, 성격에 부조리와 모순이 많았다. 그는 남의 재물을 빼앗는 것을 좋아했는데, 본인이 갖기보다는 자기가 필요한 사람에게 주기 위해서였다. 아무런 이유 없이 부하들에게 명예와 벌을 주었으며, 도움이 필요하다고 생각되면 거리낌없이 비굴한 행동도 서슴지 않았다. 또한 자기에게 도움을 요청하는 사람 앞에서는 세상에 둘도 없이 교만하게 굴었다. 그래서 측근들도 그가 원래 비굴한 사람인지, 교만한 사람인지 모를 정도였다. 아무리 심한 죄를 지어도 용서하고 상을 내리는가 하면, 작은 실수에도 툭하면 목을 잘라버림으로써 부하들에게 맹목적인 충성을 보여야만 살아남을 수 있다는 것을 깨닫게 해주었다. 또 원수와는 쉽게 화해했지만, 친구라고 여겼던 사람은 자주 암살하는 등 그의 성격은 종잡을 수가 없었다. 이런 상황에서 부하든, 적이든 술라를 믿지 않게 되었다.

사실 술라가 이렇게 행동한 까닭은 자기의 능력이 보잘것없다는 것을 스스로 알고 있었기에 일부러 자기는 매우 복잡하고 위험한 인물이라는 인상을 사람들에게 심어주려 했던 것이었다. 술라는 생의 마지막 순간까지도 자기의 타고난 본성을 그대로 살려나갔다. 리더 중에서 술라처럼 자기자신의 능력과 성격을 정확히 이해하는 사람도 드물 것이다. 더구나 그는 자기의 잘못된 성격을 고치거나, 능력을 좀더 발전시킬 생각은 하지 않고 세상을 자기 능력에 맞게 바꾸려고 하였으니, 어쨌든 대단한 리더십임에는 틀림없다.

상대방의 실책을 유도하라

자기를 아는 사람이 적을 모른다는 것은 이치에 맞지 않는 말이다. 세상엔 자기를 몰라도 적을 알기 때문에 리더의 위치에 오른 자들이 많다. 하물며 술라는 자기가 어떤 인간인지 정확히 파악하고 있었으므로 정적인 마리우스가 어떤 인물인지를 아는 것쯤은 그리 대단한 일도 아니었다.

　마리우스가 명예에 약하다는 것을 간파한 술라는 예전의 기억을 그의 머릿속에서 되살려놓아야겠다고 생각했다. 마리우스에게 생애 처음으로 개선식의 영광을 안겨주었던 리비아 전투를 회상시킬 작정이었던 것이다.

　술라는 보쿠스왕이 로마에 도착하자마자 내밀히 그를 만나 리비아 전투의 초상을 크게 만들어 원로원에 선물해달라고 부탁했다. 그리고 초상화의 내용은 자신이 쥬굴타를 사로잡는 장면으로 연출해달라는 말도 빼놓지 않았다. 보쿠스는 술라의 계획을 간파했다. 술라가 마리우스를 도발해 로마가 내전에 빠지면 그만큼 자기에게도 이익이 돌아올 것이므로 보쿠스는 곧 승낙했다.

　보쿠스가 술라의 말대로 초상화를 그려 금박을 칠하고 원로원 정문 앞에 걸어놓자, 마리우스는 크게 노하여 당장 초상화를 떼어내고, 군대를 몰아 술라를 죽이려 했으나, 술라는 이미 자기의 군대와 함께 로마 밖에 진을 치고 있었다. 술라는 로마에서 마리우스와 싸운다는 것은 승산이 없다고 판단하여 우선 마리우스를 로마에 고립시킨 후 공격할 작정이었다.

　마리우스도 술라 못지 않게 탐욕적이고 권력에 눈이 먼 자였기에 술라와의 싸움이 로마에게 어떤 해악을 끼칠 것인가는 안중에도 없었다. 마리우스는 한밤중에 군사를 몰아 로마에 남아있는 술라의 측근들을 모두 제거해나가기 시작했다. 어찌 된 영문인지 술라의 가족들은 물론이고 친한 벗들까지 자기 집에 그대로 머물고 있었다. 마리우스는 그날 밤으로 이들을 남김없이 살해해버렸다.

이 소식이 로마에 퍼지자 시민들의 여론은 한순간에 술라에게 몰렸다. 어제까지만 해도 술라의 교만함을 비웃던 로마인들이 밤 사이에 벌어진 참극을 보고 심정적으로 술라에게 돌아선 것이었다. 술라가 마리우스를 도발하자마자 외부로 도망치고, 자기의 측근들은 로마에 그대로 남겨둔 것은 바로 이 점을 노렸기 때문이었다. 마리우스의 성격을 누구보다 잘 아는 술라가 로마에 남아있는 잔당들의 목숨이 위태롭다는 것을 모를 리 없었다. 그러나 이들이 마리우스의 손에 죽게 되면 아군의 결집력은 그만큼 단단해지고, 마리우스에게 기울던 여론도 최소한 엇비슷하게 돌려놓을 수가 있었다. 자기가 사느냐, 죽느냐의 위급한 상황에서 친구나 가족의 안위를 따질 때가 아니었다. 필요하다면 처자식의 목숨도 이용하는 것이 술라의 리더십이었다.

산전수전 다 겪은 마리우스가 이런 술라의 계략을 파악하는 것도 시간문제였다. 그리고 마리우스 또한 여론이나 명분에 집착하는 인물은 결코 아니었다. 마리우스는 페르시아왕 미트리다테스를 공격해야겠다면서 원로원에 군사권을 내달라고 요구했다. 끌어 모을 수 있는 모든 군대를 확보한 후 술라와 일전을 치르기로 작정한 것이다.

적의 자비는 받되, 적을 용서하지는 않는다

　로마인들은 마침내 술라와 마리우스가 동족간의 상쟁을 벌이려는 것을 보고 절망에 빠졌다. 원로원은 즉시 긴급회의를 소집하여 국가와 시민들의 운명을 위해 이쯤에서 화해하라는 메시지를 술라와 마리우스에게 보냈다. 그러자 마리우스는 술라가 로마에 들어오면 협상해보겠다고 대답했다. 반면에 술라는 원로원의 메시지를 전달하러 온 군사위원들이 진영에 도착하자 마리우스가 보낸 첩자라며 돌로 쳐죽였다.

　로마로 통하는 모든 길을 차단한 술라는 자기 군대만으로는 마리우스의 정예군과 맞서기엔 중과부적이라고 판단하여 돌로 쳐죽인 군사위원들의 시체를 식민지에 주둔 중인 6개 군단에 보내면서 마리우스가 미트리다테스와의 전쟁을 핑계삼아 반란을 일으켰다고 거짓 소식을 알렸다. 이 소식을 듣고 각지에서 군단들이 술라의 휘하로 모였다. 술라는 이들에게 마리우스를 죽이고, 그 다음에 미트리다테스를 죽이면 로마와 페르시아는 우리 것이 된다고 호언장담했다. 가뜩이나 오랜 외지 생활로 불만이 쌓였던 군단들은 페르시아의 보물과 엄청난 지위에 현혹되어 로마군으로서의 자존심과 명예를 벗어 던지고 한낱 용병으로 전락하는 것도 마다하지 않았다.

술라가 지방의 6개 군단을 이끌고 로마로 진격해온다는 소식이 들리자, 마리우스는 귀족들이 보유한 노예들에게 자유를 줄 테니, 술라와 싸워달라고 했다. 그러자 노예들은 앞다투어 술라의 군대와 싸우겠다고 나섰다.

가족과 친구들을 잃은 술라의 군대는 이미 제정신이 아니었다. 그들은 로마 곳곳을 피로 물들이며 불까지 질렀다. 적과 아군이 구별되지 않는 참극이었다. 놀란 로마 시민들은 옥상으로 대피해 기왓장을 던지며 야유했다. 그러자 술라의 군대는 완전히 이성을 잃고 선량한 시민들까지 마구 학살하기 시작했다. 이때쯤엔 마리우스도 로마를 빠져나간 뒤였다.

이렇게 해서 꿈에 그리던 로마의 권력을 움켜쥐는 데 성공한 술라는 다음날 새벽, 원로원을 소집해 마리우스 일파에게 사형을 선고하도록 했다. 술라는 마리우스의 목에도 엄청난 현상금을 걸었다. 이 같은 조치에 분별 있는 귀족과 학자들이 그래도 한때는 상관으로 모셨고, 이제는 늙고 힘없는 노인인데, 자비를 베푸는 것이 옳지 않겠냐고 따졌다. 그 말을 듣고 술라는 이들을 절벽으로 데려가 가차없이 떠다밀었다. 그러자 아무도 술라의 정책에 이의를 제기하려는 사람이 없었다.

마리우스를 몰아내고 정권을 잡긴 했지만, 술라에겐 아직도 해결해야 할 문제가 산적해 있었다. 어디에 숨었는지는 모르겠지만, 마리우스가 여전히 살아있었고, 로마 시민들은 자기를 폭군으로밖에 생각하지 않았다. 게다가 술라 자신이 정치를 잘 몰랐기 때문에 앞으로 이 거대한 로마를 어떻게 운영해야 할지 조금도 감이 잡히지 않았던 것이다.

먼저 내쳐라

술라는 일단 흐트러진 사회 분위기부터 바로잡기 위해 마리우스파의 대표적인 인물들을 집정관에 당선시켰다. 이 같은 결정은 사람들의 생각과 완전히 벗어난 파격적인 조치였기 때문에 다들 술라가 무슨 꿍꿍이로 저런 행동을 하는 건지 의심스러워했다. 술라는 자기가 마리우스를 쫓아낸 것은 그가 미트리다테스를 공격한다는 이유로 독재자가 되려고 했기 때문이지, 로마의 유능한 인물들을 죽이기 위해서는 아니라고 대답했다. 그리고 자기야말로 미트리다테스를 공격할 계획을 서두르고 있다며, 시민들이 생각하는 것처럼 자신이 위험한 인물은 아니라고 변명했다. 그 말을 듣고 로마인들은 약간 안심이 되었다. 술라처럼 포악하고 교만한 자 밑에서 어떻게 살아가야 할지 걱정하던 차에 다시 군대를 이끌고 전쟁이나 하겠다니, 이보다 더 반가운 소리가 없었던 것이다.

그러나 술라의 머릿속엔 다른 계획이 있었다. 그가 집정관으로 선출시킨 마리우스 일파는 모두 뇌물을 좋아하는 자들이었다. 술라는 마리우스의 막대한 재산을 그들에게 나눠주고 자기편으로 포섭했던 것이다. 따라서 겉으로는 마리우스 일파였지만, 이미 술라와 한통속이었다. 그리고 굳이 술라가 미트리다테스와 전쟁을 하려는 까닭은 병사들과의 약속 때문이었다. 그는 자기를 도운 군단들에게 페르시아의 보물을 나눠주겠다고 약속한 바 있었다. 그리고 자기가 불을 지른 로마를 복구하는 데도 엄청난 비용이 필요했다. 이 비용을 충당하려면 페르시아뿐 아니라 그리스, 소아시아 등의 부국들을 약탈해야만 했던 것이다.

술라는 잔인하고 포악해서 부하들도 함부로 죽였는데, 그런 그가 평생토록 부하의 배신을 겪지 않았던 까닭은 인간의 마음을 다룰 줄 알았기 때문이다. 그는 어떤 일이 있어도 한 사람을 오래 믿거나 하지 않았다. 오래 탄 말은 늙고 영악해져 언제 주인을 버릴지 모른다는 것이 술라의 인사관리 철칙이었다. 그 대신 자기 수하에 거느리고 있을 때는 최고의 대우를 해주었다. 술과 재물을 좋아하는 술라였지만, 전쟁에서 얻은 노획물은 아끼지 않고 부하들에게 모두 나눠주었다.

아랫사람이 상관에게 불만을 느낄 때는 크게 두 가지다. 처우에 관한 불만과 이념적으로 맞지 않을 때인데, 술라는 이 둘을 매우 효과적으로 관리했다. 우선 처우 문제에 있어서는 하루아침에 죽일지언정 살아있을 때는 부귀영화를 누리게 해주었고, 이념적으로 자기와 맞지 않는 자가 있으면 잠시 기용했다 물리치는 것이 아니라 아예 죽여버렸다.

무조건 성공만을 기대하라

술라는 이처럼 과단성이 있었다. 그는 역사에 등장하는 독재자나 폭군들처럼 악행에 빠져 허우적거리는 것이 아니라 자기의 악한 본성을 한 단계 진화시켰다. 다시 말해 그 성격의 잔인함과 교만함을 내세우면 내세울수록 자기에게 이로워지는 때와 장소를 잘 구별했다는 뜻이다. 그는 본능적으로 피를 좋아하는 인물이었다. 사람을 죽이고 파괴할 때 만족을 느끼는 변태심리의 소유자였다. 그런 술라가 로마에 거주했더라면 로마는 네로 시대까지 갈 것도 없이 그의 시대에서 끝장났을 게 분명하다. 그런데 네로와 달리 술라는 자기의 그 같은 사악하고 패륜적인 성격을 적극적으로 활용하면서도 사람들에게 최소한의 피해만 남기는 법을 알고 있었다.

그는 자기 성격상 로마에 남아있다간 무슨 일을 저지를지 알 수 없다는 것을 인식하고 있었다. 이왕 권력을 손에 쥔 이상, 포악한 성미도 만족시키고, 또 역사에 남을만한 대업도 이루고 싶었다. 자기의 사악한 성품을 바탕으로 로마에 뭔가 이로운 결과를 안겨주고 싶었던 것이다.

그래서 술라는 눈을 밖으로 돌렸다. 로마는 이미 강대국이었지만, 그리스나 페르시아 같은 고대의 역사적인 강대국들은 여전히 존재하고 있었다. 로마를 이끌었던 수많은 영웅들도 이들 국가들은 정복하지 못했다. 술라는 곧 목적을 수정해 로마만 정복할 것이 아니라 페르시아와 그리스도 정복해야겠다고 생각했다. 정복을 위해선 또다시 피를 흘려야 하는데, 이것은 로마를 위해 흘리는 피였다. 어쨌든 로마인의 피를 흘리게 하는 것보다는 좋은 일임에 틀림없었다. 괜히 집정관이랍시고 떠돌이 무희나 품에 끼고 애꿎은 집안을 쑥대밭으로 만들어 역사의 폭군으로 기록되느니, 페르시아와 그리스를 점령한 위대한 영웅으로 죽어야겠다고 생각한 것이다.

위험 순위를 책정하라

술라가 그리스를 침략하려고 준비 중에 있다는 소문을 듣고 그리스의 모든 국가에서 사절단을 보내 화친을 당부했다. 그런데 유독 아테네만은 사절단에 포함되지 않았다. 술라가 그리스를 공격하려는 까닭은 아테네를 정복하기 위해서였다. 과거의 영광이 거리마다 새겨진 이 위대한 도시에 자기의 이름을 새겨놓고 싶어 견딜 수가 없었던 것이다.

술라가 왜 아테네에선 사절을 보내지 않았느냐고 묻자, 사절단 대표가 아테네의 지배자인 아리스톤(Ariston)은 미트리다테스와 손을 잡고 전쟁을 준비한다고 대답했다. 이 소식을 듣고 술라는 매우 만족했다. 어차피 아테네와 페르시아를 정복하려던 차에 그럴듯한 명분까지 생긴 것 같아 당장이라도 쳐들어가고 싶어 몸이 근질거렸다.

하지만 이 전쟁은 최대한 빨리 끝내는 것이 좋았다. 자기가 로마를 떠난 사이에 새로운 정변이라도 일어난다면, 말 그대로 떠돌이 신세가 되는 것은 시간문제였기 때문이다.

술라는 곧 군대를 이끌고 무모한 전투를 감행했다. 아테네군은 악착같이 로마군에 맞서 싸웠고, 술라는 로마의 재정을 파탄낼 정도의 막대한 전쟁비용을 감수해가며, 역사에 이름을 새기고야 말겠다는 비장한 각오로 전쟁에 임했다. 그리고 드디어 아테네를 정복한 술라는 고대의 신전과 건물들에서 닥치는 대로 보물들을 약탈해 로마로 보내는 한편, 군사들에게도 나눠주었다.

미트리다테스와의 전쟁도 쉽지만은 않았다. 미트리다테스는 수적으로 술라를 압도했다. 술라는 이 전쟁이 왜 시작되었는지도 망각한 채 오로지 살육을 즐기는 포식자처럼 날뛰었다. 한편 로마에서는 술라가 걱정했던 대로 반역의 기운이 감돌고 있었다. 특히 마리우스 일파의 횡포가 극심했다. 이들은 마리우스를 복권시키려는 게 분명했다. 그렇다고 페르시아와의 전쟁을 끝마치지 않고 돌아갈 수도 없는 노릇이었다.

그때 로마의 사정을 간파한 미트리다테스가 휴전협정을 제의해 왔다. 술라도 얼씨구나 하고 미트리다테스와 휴전협정을 체결해 버렸다. 그토록 오랫동안 싸워온 원수와 불과 몇 시간만에 휴전을 체결하고 동지가 된 것이다.

하지만 미트리다테스는 술라가 얼마나 음흉한 인물인지 모르고 있었다. 이대로 로마로 돌아가면 사람들의 웃음거리밖에 되지 않는다고 판단한 술라는 미트리다테스가 방심한 틈을 노려 페르시아를 공격했다. 그렇게 단 하루만에 15만 명의 페르시아군대를 학살하고, 군선 200척을 빼앗고, 6000 대의 전차를 불태워버리는 등 로마 역사상 길이 남을 전투에서 승리했다. 그의 부하들은 기세를 몰아 페르시아 본국까지 점령하자고 했으나, 마리우스가 로마로 돌아왔다는 소식을 들은 술라는 황급히 미트리다테스와 재차 휴전협정을 체결한 후 부랴부랴 로마로 돌아왔다.

한계를 파악하고 주저 없이 내려온다

늙은 마리우스는 아직도 야망을 버리지 못한 채 술라와 또 한 번 맞붙었다. 술라의 군대는 그리스와 페르시아를 물리친 최강의 진용이었으나, 먼길을 달려오느라 지칠 대로 지쳐있었다. 군사들을 하루라도 푹 쉴 수 있게 해달라고 사정했다. 그러자 술라는 쉬게 하기는커녕 참호를 파야겠다며 사흘씩이나 병사들을 중노동시켰다. 참호를 파는 데 지친 병사들은 그제야 싸우게 해달라며 이를 갈았다. 술라는 병사들을 이끌고 마리우스에게 달려갔다.

이 전투의 결과는 이미 결정되어 있었다. 수많은 전투에서 살아 돌아온 술라의 군대에 비해 마리우스가 이끄는 군대는 대부분 젊은 귀족들로 구성된 애송이들이었다. 전투는 시작부터 승패가 결정되어 있었다. 마리우스는 힘 한 번 제대로 써보지 못하고 또다시 패배하고 말았다.

로마에 입성한 술라는 마리우스에게 가담한 귀족들이 의외로 많다는 것을 깨닫고, 먼 훗날 정적이 될 지도 모른다는 이유로 귀족청년 6000명을 광장에 몰아넣은 후 화살을 쏴서 모두 죽여버렸다. 이어서 그들의 재산을 몰수하여 가난한 서민들과 군대에 골고루 나눠준 후 스스로 군정관의 자리에 올랐다. 술라의 이 같은 횡포에 귀족들의 반발이 극심했으나, 그는 원래 여론 따위엔 귀기울

이는 성미가 아니었다.

　이렇게 해서 오랜 세월 꿈꿔왔던 로마의 절대 권력자가 된 술라는 자기에게 비협조적인 귀족들의 권한을 제한하고, 일반 평민들도 자유롭게 정치에 참여할 수 있도록 법령을 마구 뜯어고쳤다. 그러자 시민들 사이에서 술라야말로 로마의 진정한 구원자이며, 영웅이라고 칭송이 자자했다.

　그러나 술라의 말년은 로마의 구원자로 불리기엔 참혹할 정도로 방종했다. 예상밖에 술라는 군정관의 자리에 오른 지 몇 년 안되어 자기의 권력을 모두 측근에게 위임했는데, 시민들은 술라의 결정에 탄복하여 그를 공명정대한 인물로 여기게 되었다. 술라가 독재자의 자리에서 그토록 빨리 내려온 것은 그 자신이 정치에 관심이 없었기 때문이었다. 그에겐 권력을 쟁취하기까지의 과정이 필요했을 뿐, 권력 그 자체엔 처음부터 관심이 없었다. 막상 로마의 최고 권력자가 되고 보니 골치 아픈 일만 산더미 같았다. 자연히 예전 버릇이 그리워졌다.

　폼페이우스 같은 유능한 젊은 측근에게 정권을 맡긴 술라는 아침부터 저녁까지 연회를 베풀며 방탕하게 살았다. 연극배우나 떠돌이 악사들과 잠자리를 같이 하느라 아내가 죽는 것도 모른 채 넘어갈 정도였다. 근본을 알 수 없는 온갖 여자들과 관계를 맺을 때마다 그녀들의 병이 술라에게 전염되었다. 결국 술라는 살이 썩어 들어가는 병에 걸렸다. 그래도 술라는 주연을 그치지 않았다. 이 무렵 자기의 종말을 미리 예상했는지 술라는 22권에 달하는 방대한 자서전을 구술한 후 밤새도록 이어진 술자리에서 피를 토하며 죽고 말았다.

자신의 위치를 긍정하라

테미스토클레스(Themistocles)는 아테네의 미천한 집안 출신이었다. 운명은 그에게 복종을 강요했지만, 테미스토클레스는 남을 지배하지 않고서는 못 배기는 성격을 타고났다. 그의 리더십은 인간의 운명이 단순하지 않다는 것을 보여주는 사례로서 그 가치를 찾을 수 있다. 복종이라는 환경적 운명과 남을 지배할 수밖에 없는 성격적 운명은 테미스토클레스라는 인물을 끊임없이 갈등을 조장하는 리더로 만들었다.

술라가 피에 굶주린 욕망을 채우기 위해 권력을 꿈꿨다면, 테미스토클레스는 신분의 사슬에 얽매인 자신의 운명을 바꿔놓기 위해 아테네의 1인자가 될 결심을 하게 되었다. 페르시아를 정복하겠다는 테미스토클레스의 무모한 야심은 조국 아테네를 위해서가 아니라 한 개인의 맹목적인 욕구를 충족시키기 위해서였다. 테미스토클레스의 유일한 욕구는 남을 지배하는 것이었다. 그것은 누군가를 복종해야만 살아남을 수 있는 환경에서 그가 키울 수 있는 유일한 꿈이었는지도 모른다. 이 같은 인물에게 권력과 리더십이 목적이 아닌, 수단에 불과했던 것은 어떻게 생각하면 당연한 일이라고 해야 될 것이다.

테미스토클레스는 어린 시절부터 정치가를 꿈꿨다. 개인의 능력과 소질은 이미 태어나면서부터 드러나기 마련이므로 그의 소년시절을 살펴보는 것은 훗날 테미스토클레스가 보여줄 리더십의 본질을 살펴보는 것과 마찬가지라고 할 수 있다. 성 밖의 빈민굴 소년들에게 허락된 꿈은 도공이나, 뱃사공이 아니면 기껏해야 하급군인이 전부였다. 그러나 테미스토클레스는 처음부터 정계의 지도적 인물이 될 것을 결심했다. 나중에 페르시아를 정복하겠다는 무모한 야심으로 그리스를 위기에 내몰았던 것도 결코 우연이 아니었다. 그에게 페르시아 정복은 빈민굴 출신으로 아테네의 지도자가 되려는 소년시절의 꿈과 마찬가지였다.

염색 기술자로 알려진 테미스토클레스의 아버지는 아들의 헛된 망상이 혹시라도 집안에 불행을 가져오는 것은 아닐까, 염려되어 어느 날 아들을 이끌고 바닷가에 나갔다. 그리고 파손된 낡은 배를 가리키며, 정치인이란 국민의 신망을 잃으면 저 배와 같이 한순간에 버림받는다고 말했다. 그러자 어린 테미스토클레스는 배가 버림을 받으면 그 배에 타고 있던 손님들도 무사하지는 못할 것이라고 대꾸했다. 이 대목을 통해 그가 나중에 아테네에서 추방되어 페르시아로 건너간 까닭을 알게 된다. 술라와 마찬가지로 테미스토클레스 역시 개인의 욕망을 위해 리더라는 자리를 원했을 뿐, 국가의 안위나 구성원의 여부는 애초부터 관심 밖이었다는 것을 알 수 있다.

개성에 충실하라

술라와 테미스토클레스처럼 개인적 욕망을 충족시키고자 리더십을 수단으로 사용하는 인물들이 때로는 기대 이상의 성과를 거둘 때가 있다. 피에 굶주린 술라 같은 인물 때문에 로마는 마리우스라는 가공할 만한 독재자로부터 벗어났고, 가장 위대한 전쟁에서 몇 번씩 승리를 거뒀다. 또 일개 야심가에 불과한 테미스토클레스의 무모한 작전으로 아테네는 페르시아와의 전쟁에서 그리스를 구출했다.

리더십은 인간의 본성 중에서도 가장 난해한 영역이다. 술라와 테미스토클레스는 정상적인 가치관을 신봉하는 리더가 아니었다. 한 명은 지나치게 폭력적이었고, 또 한 명은 광기에 가까울 정도로 명성에 집착하는 인물이었다. 이들은 리더가 된 이후에도 폭력성과 명예심을 만족시키는 데만 혈안이 되어 있던 것이다.

그러나 본성에 대한 이들의 집착 때문에 로마는 번영을 누렸고, 아테네는 무너져가던 자존심을 회복했다. 이런 점을 고려했을 때, 만약 술라가 폭력적이지 않았다면, 테미스토클레스가 그토록 명예에 목숨을 거는 인물이 아니었더라면, 로마와 아테네가 과연 그 같은 엄청난 성과들을 거둘 수 있었을지 자못 궁금해진다. 두 사람의 경우는 리더십은 그 본질적인 특성상 리더의 타고난 재질과 성격에 좌우된다는 것을 일깨워준다. 리더의 개성이야말로 가장 뛰어난 리더십이 될 수도 있다는 것을 술라와 테미스토클레스의 생애가 말하고 있는 것이다.

한 사람씩 포섭하고, 한 사람의 적만 만들어라

젊은 나이에 빈민들의 절대적인 지지를 바탕으로 아테네 정계에 입문한 테미스토클레스는 처음부터 기존의 정치인들과 달리 개혁적이고 급진적인 정책들을 제안했다. 그다지 훌륭한 가정교육을 경험하지 못한 테미스토클레스는 의회에서도 직선적이고 공격적인 자세로 많은 비난을 받았다. 특히 귀족들은 그에게 정치적인 소양이 부족하다고 공박했는데, 그때마다 테미스토클레스는 예술이 뭔지는 모르지만, 어떻게 하면 작고 이름 없는 나라를 크고 영광스럽게 만들 수 있는지는 알고 있다고 대답했다.

당시 아테네에서 테미스토클레스는 이단적인 인물이었다. 귀족이 아님에도 정치에 뛰어들었고, 그 동안 수적으로는 우세했지만 정치적으로는 늘 방관자였던 빈민층을 결집시켜 누구도 무시할 수 없는 막강한 정치세력으로 부각시켰기 때문이다. 테미스토클레스는 자신을 극빈층과 소외계층의 대리인으로 포장했다. 그는 의회가 열릴 때마다 아테네는 부정부패에 신음하고 있으며, 이 때문에 국가의 안위가 위험해졌다고 사람들을 충동시켰다. 성격이 온화하고 명예를 존중하는 아테네인들로서는 테미스토클레스의 광적인 행동이 이해되지 않았지만, 성 밖에 사는 빈민층과 불평분자들은 테미스토클레스만이 아테네의 현실을 직시하고 있다고 믿었다.

테미스토클레스는 성격적으로 너그러움, 온화함, 평온 같은 단어들과 거리가 먼 인물이었다. 그는 격정적이었고, 아슬아슬한 위기를 즐겼다. 자신과 같은 비천한 인물이 사회적으로 대두되기 위해서는 국가에 커다란 위기상황이 도래해야만 한다고 생각했다. 평화시에는 능력보다 인품이 더 중요하게 여겨지지만, 한 번 위기가 닥치면 자기처럼 능력 있는 사람에게 기회가 올 것이라는 걸 알고 있었다.

하지만 마라톤 전투 이후 그리스엔 별다른 위기 상황이 없었다. 정계의 주도권은 아리스테이데스(Aristheides)처럼 온화하고 자비로운 인사들이 쥐고 있었다. 테미스토클레스의 터무니없는 야망을 채우기 위해선 마라톤 전투보다 더 크고 위험한 상황이 필요했다.

이때부터 테미스토클레스는 페르시아와의 전쟁을 계획했다. 그 전부터 페르시아는 그리스와 사이가 좋지 않았는데, 현재는 우호적인 관계를 유지하고 있었다. 그러나 테미스토클레스는 만에 하나 그리스가 조금이라도 군사적인 행동을 보인다면 페르시아는 위기감을 느껴 선제공격도 불사할 것이라고 생각했다.

페르시아에 맞서 아테네는 물론이고 전 그리스를 구원해야만 이 끝없는 야망이 조금이라도 채워질 것 같았다. 테미스토클레스는 즉시 페르시아 위기론을 주장하며, 날마다 의회에 나가 군비확충을 건의했다. 하지만 누구 한 사람 테미스토클레스의 주장에 공감하는 사람들이 없었다. 그러자 이번에는 가까운 스파르타나 테베와의 불편해진 사이를 들먹이며, 만일을 대비해 해군력을 강화해야 한다고 역설했다.

이 주장에는 어느 정도 공감대가 형성되었다. 하지만 그의 무모한 야심을 꿰뚫어본 의회에서 아리스테이데스를 중심으로 제동을 걸고 나섰다. 테미스토클레스 같은 과격한 야심가는 정적이 등장했을 때 더 큰 힘을 발휘하는 인물이다. 그는 곧 도편추방제를 실시하자고 제안했다. 이 도편추방제는 나라의 장래에 해가 될 것 같은 사람을 국외로 추방하기 위해 시민들이 조개껍질에 그 이름을 써내는, 일종의 추방선거였다. 테미스토클레스는 무모하게도 아테네에서 제일 가는 권력자와 도편추방제 선거를 제안했던 것이다.

불가능하다는 생각을 버려라

시민들은 테미스토클레스가 스스로 불행을 자초했다고 생각했다. 아리스테이데스는 의회권력만 장악한 것이 아니라 대단한 인품의 소유자로서 아테네 시민들의 지지를 한 몸에 받고 있었다. 그런 인물과 도편추방제 선거를 감행한다는 것은 미친 짓이나 다름없다고 여겼던 것이다.

하지만 테미스토클레스의 야심에는 당할 사람이 없었다. 또 그의 경쟁의식을 꺾을만한 사람도 없었다. 그는 거리와 시장을 돌아다니며 그리스의 내전들을 생각해보라고 외쳤다. 이번 도편추방제는 인기투표가 아니라 누가 아테네를 위해 죽을 수 있는지, 그것을 결정하는 선거라고 사람들을 설득했다. 아리스테이데스는 평화를 유지할 수 있지만, 테미스토클레스는 전쟁에서 승리할 수 있다, 그렇다면 스파르타나 테베와 전쟁이 벌어질 경우를 대비해 누가 아테네에 남아야 하느냐는 논리로 자기의 정당성을 주장했다.

시일이 지날수록 아테네 시민들은 말수가 적고 온유한 아리스테이데스보다는 빈민굴 출신으로 과격하기 이를 데 없는 테미스토클레스가 전쟁에 더 유리하다고 생각하기 시작했다. 한 번 전쟁이라는 말이 유행처럼 번져나가자 평화시임에도 불구하고 아테네 시민들은 당장 내일이라도 적군이 쳐들어오는 것은 아닌지 불안에 떨기 시작했다.

야망으로 가득 찬 단 한 명의 인간이 아테네라는 거대한 도시를 불안에 떨게 만든 것이다.

투표결과 처음 예상을 뒤엎고 아리스테이데스의 추방이 확정되었다. 도저히 상대가 안 될 것이라는 선거에서 막강한 정적을 누르는 데 성공한 테미스토클레스는 아테네의 주 수입원인 라우레이온산 은광의 수익으로 군함을 만들기 시작했다. 테미스토클레스가 군함을 만들기 시작하자, 아테네 사람들은 뚜렷한 대상이 없음에도 곧 전쟁이 일어날 것처럼 준비하기 시작했고, 이 소식은 그리스 전역과 페르시아왕의 귀에도 들어가게 되었다.

대수롭게 여기지 않던 광기가 마침내 실현되기에 이른 것이다.

작은 것을 주고, 큰 것을 요구한다

테미스토클레스가 해군에 주력한 것은 아테네가 바다와 가깝고, 페르시아군은 육군이 능했기 때문이다. 테미스토클레스의 바람대로 페르시아군이 침공하려 하자 아테네인들은 누구를 장군으로 삼아야 할지 몰라 우왕좌왕했다. 내심 테미스토클레스가 적임

자라는 생각은 하고 있었지만, 미천한 집안 출신에게 나라의 운명을 맡긴다는 것은 페르시아에게 정복되는 것만큼이나 치욕이라고 생각했다. 그때 에피키데스(Epikides)라는 인물이 자기가 임명되기를 바라고 있었다. 그는 뇌물을 좋아하는 부패한 정치인이었으나, 선동적인 연설에 능하고, 가문도 좋았기 때문에 아테네인들은 에피키데스가 장군에 임명되고, 테미스토클레스가 부관에 임명되는 것이 적절하다고 생각했다.

페르시아와의 전쟁을 이끄는 통수권자가 되기만 고대해왔던 테미스토클레스로서는 뜻하지 않은 장애물이 발생한 셈이었다. 테미스토클레스는 에피키데스가 뇌물을 좋아한다는 것을 알고 그에게 자기의 전 재산을 바쳐 야심을 버리도록 했다.

에피키데스가 테미스토클레스에게 뇌물을 받고 장군직 선출을 포기했다는 소식을 전해들은 시민들이 테미스토클레스에게 몰려갔다. 야망이 크다는 것은 알았지만, 이토록 비열한 인물인지는 몰랐던 것이다. 하지만 테미스토클레스가 에피키데스에게 전 재산을 줬다는 것을 알게 되자, 시민들의 태도가 돌변했다. 뇌물을 좋아하는 에피키데스가 문제일 뿐, 테미스토클레스야말로 재산 따위를 하찮게 여기는 진정한 애국자라고 칭송하기 시작한 것이다. 이 또한 테미스토클레스가 의도한 것이었다. 입이 가볍고 술수에 능한 에피키데스는 뇌물을 받고도 자기에게 뇌물을 준 인사를 고발하는 것이 정치적 특기였다. 이를 간파한 테미스토클레스는 민심을 얻는 동시에 라이벌을 제거하는 방법으로 전 재산을 거리낌없이 내놓았던 것이다.

술라도 그랬지만, 테미스토클레스 또한 그 끝없는 야망에 필요하다고 판단되면 재산 따위는 하찮게 여기는 대범함을 보여줬다. 목적을 위해서라면 세속적인 데에 구속받지 않는 대범함 때문에 그 목적의 변태적 성향에도 불구하고 술라와 테미스토클레스는 리더의 자리에 앉아있는 동안만큼은 상당한 지지세력을 결집시킬 수 있었다.

사명감과 카리스마

마침내 페르시아왕이 엄청난 함대를 이끌고 그리스로 진격해오기 시작했다. 테미스토클레스는 아테네의 외교문제부터 해결해야겠다고 생각했다. 그래서 오랜 세월 내전을 거듭해온 인접 국가들과 휴전을 맺었다. 이것은 비록 페르시아와의 전쟁이 끝날 때까지만 지속되는 협정이었으나, 그리스 최초로 국가적인 위기에 공동체적인 자세로 맞서 싸웠다는 지표가 되었다. 그리스의 수많은 현자와 위대한 정치가들도 해내지 못한 이 일을 자기의 맹목적인 야망을 채우기 위해 나라를 전쟁으로 내몬 테미스토클레스 같은 인물이 해냈다는 것은 참으로 얄궂은 일이다.

술라와 테미스토클레스의 삶에서는 윤리의식이라는 것을 찾아볼 수가 없었다. 이 극단적인 이기주의자들은 오직 욕망의 충족을 위해 리더라는 자리에 올랐으나, 욕망에 대한 집요함은 때론 조직의 운명을 결정할 정도로 공리적이었다. 술라가 권력을 유지하기 위해 정복을 행했던 것처럼 테미스토클레스는 페르시아를 도발하기 위해 해군력을 키운 데 불과했다. 그런데 당시 그리스에서 페르시아 함대에 맞설만한 나라는 아테네밖에 없었던 것이다.

지상군이 연전연패하는 동안 테미스토클레스의 아테네 해군은 바다에서 연승을 거두고 있었다. 그러나 페르시아군은 육로를 통해 아테네까지 진격하기에 이르렀고, 아테네 시민들은 공황상태에 이르렀다.

이러한 위기 상황에서 테미스토클레스는 합리적인 방법으로는 아테네 시민을 설득할 수 없다고 판단하여 징조와 기적, 신령한 힘에 의지하기로 했다. 그는 날마다 제사를 드리며 아테네의 수호신이 아테네 시민들에게 바다로 나가라는 계시가 내려왔다는 소문을 퍼뜨렸다. 정신적인 공황상태에서 그나마 아테네의 수호신이 했다는 말은 사람들의 정신을 한데 모을 수 있었다. 테미스토클레스는 아테네의 모든 배에 시민들을 태우고 바다로 나갈 작정이었다. 아테네를 버리기로 한 것이다.

우울한 욕망과 권력의 본질

하지만 아테네엔 군자금이 없었다. 테미스토클레스는 아테네 신전의 보물이 없어졌다며 시민들의 집을 뒤지기 시작했다. 집집마다 숨겨놓은 돈들이 쏟아졌고, 이를 모두 압수하여 군량을 조달했다.

아테네를 버리고 바다 위에 떠다니는 신세가 된 아테네 시민들은 절망과 공포에 떨었지만, 유독 테미스토클레스만이 활력에 넘쳤다. 그는 지금이야말로 평생동안 기다려온 그날이라고 확신했다. 마라톤 전투보다 더 위대한 승리가 눈앞에 있다는 것을 날마다 상기하며 테미스토클레스는 인생의 환희를 맛보았다.

유리한 곳에서 싸워라

며칠 후 1000척이 넘는 페르시아 해군이 살라미스 해안을 포위했다. 그때 아테네의 전함은 180척에 불과했다. 게다가 크기에서도 비교가 안 되었다. 시민들은 가족을 지키기 위해 싸워야 했고, 테미스토클레스는 자기의 영광을 위해 반드시 이겨야 했다. 생사를 초월한 테미스토클레스의 욕망은 생사에 집착하는 아테네 시민보다 냉철하고 합리적이었다. 아테네 시민들은 살아남는 것이 목적이었던 데 반해, 테미스토클레스는 이기는 것이 목적이었기 때문이다. 리더로서 편협한 욕망이기는 했지만, 조직원들의 생각보다 한 차원 높은 곳에서 사태를 파악했다는 점에서 그리스에겐 행운이었다.

살라미스는 해협이 좁고 물살이 센 곳이었다. 페르시아의 거대한 전함은 좌우로 늘어서야만 그 위력이 발휘되는데, 이곳에선 일렬로 줄을 짓는 수밖에 없었다. 테미스토클레스는 함대를 둘로 나눠 페르시아 해군이 살라미스 해협에 갇힐 때까지 침착하게 기다렸다. 해협이 좁은 데다 기동력이 떨어졌기 때문에 전투가 시작되자 거의 엇비슷하게 진행되었다.

그러나 저녁이 되어 풍랑이 심해지자 상황이 달라졌다. 페르시아 군선은 좁고 길었으나, 아테네 군선은 폭이 짧고 밑창이 평평해 바람의 영향을 받지 않았다. 페르시아 함대의 수적 우세도 밤이 되자 불리해졌다. 화살을 쏘면 거의 대부분 자기편을 공격하는 것과 마찬가지였다.

다음날 아침까지 전투가 계속되었다. 살라미스 해협에서 살아 돌아간 페르시아 함대는 십여 척에 불과할 정도로 아테네의 대승이었다. 이 한 번의 승리로 아테네는 물론이고, 그리스 전역을 구원했다는 점에서 아테네가 거둔 그 어떤 승리보다 위대한 평가를 받았다.

겸손함은 신뢰의 기초

테미스토클레스는 여기까지였다. 그에겐 더 이상 리더십을 발휘할 목적도, 기회도 없었다. 술라처럼 테미스토클레스 역시 리더의 자리에 오르는 것이 중요했지, 그 자리에서 리더십을 발휘하는 것은 중요하게 생각해본 적이 없는 인물이었다. 하지만 근성은 떨칠 수가 없었던지 테미스토클레스의 탐욕은 정도를 더해갔다. 그는 그리스 각국을 돌아다니며 전쟁에 들어간 비용을 요구했고, 아테네에서는 의회를 해산시키는 등 독재자로서의 면모를 보였다.

그러나 술라와 달리 테미스토클레스는 여론의 지지를 기반으로 정권을 획득한 사람이었다. 여론이 그에게 등을 돌리자, 남은 것은 추방뿐이었다. 아테네인들은 도편추방제를 시행해 테미스토클레스를 국외로 추방시킬 것을 결정했다. 도편추방제로 권력을 잡은 테미스토클레스가 도편추방제로 몰락한 것이다.

분노한 테미스토클레스는 이성을 잃고 말았다. 그는 배은망덕한 조국에게 자기가 얼마나 위대하고 필요한 인물인가를 보여주는 것을 인생의 마지막 욕망으로 선택했다. 적국인 페르시아로 건너간 것이다. 페르시아왕을 만난 테미스토클레스는 1년만 여유를 주면 그리스를 정복할 수 있는 방법을 일러주겠다고 말했다. 이 소식은 삽시간에 아테네를 뒤흔들었고, 테미스토클레스를 추방하자고 주장한 일파들은 나라에 쓸데없는 위기를 조장했다는 이유로 시민들로부터 버림받았다.

그리스의 다른 국가들도 이집트와 연합하여 페르시아에 맞설 준비를 갖추었다. 그러면서도 아테네가 어리석은 일을 저질러 나라에 위기를 가져왔다고 불평을 터뜨렸다.

페르시아도 전쟁준비를 서둘렀다. 페르시아왕은 테미스토클레스에게 사람을 보내 페르시아군의 총사령관을 맡아달라고 제의했다. 이 때문에 그리스는 더욱 당황했고, 전쟁을 치르기도 전에 사절단을 보내 휴전을 요청했다.

그리스에서 자기 때문에 사절단이 왔다는 것을 알게 된 테미스토클레스는 대단히 만족했다. 자기가 얼마나 위대한 사람이며, 그리스에 필요한 사람인가를 증명했다고 여긴 테미스토클레스는 친구들을 초청해 잔치를 열고, 자기 하나 때문에 그리스는 두 번씩이나 큰 전쟁을 겪게 되었다고 자랑스레 말했다. 그리고는 독이 든 소피로 마지막 건배를 제의한 후 생을 마감했다. 페르시아왕은 테미스토클레스가 자살했다는 소식을 듣고, 그가 살아있을 때보다 더 감탄하여 그리스와 휴전하기로 결정했다.

4

시저와 알렉산더
선과 악의 딜레마

4
선과 악의 딜레마
시저와 **알렉산더**

성자의 길과 악마의 길

역사상 가장 위대한 리더를 단 두 사람만 꼽아야 한다면 인류는 과연 누구에게 그 영광을 돌릴 것인가.

제4장은 이러한 질문으로부터 시작하고자 한다.

과거는 물론이고, 현재, 그리고 미래에도 우리는 수많은 리더들을 필요로 할 것이다. 우리는 가정에서 리더 역할을 수행해야 하고, 직장과 사회, 국가에서도 내가 아닌 다른 누군가를 이끌어야 하는 자리에 앉게 될지 모른다. 우리는 각자의 삶을 항해해나간다는 점에서 선장이라고 할 수 있지만, 우리가 일반적으로 생각하는 리더의 위치는 그보다 범위가 넓으므로 한 사회의 지도자로서 무시할 수 없는 파급효과를 일으킨 자들을 리더라고 정의한 후 이 질문에 대한 해답을 찾아보는 것이 옳다고 생각된다.

사람마다 인격과 사상이 다르므로 최고의 리더를 가려 뽑는 기준도 당연히 제각각일 것이다. 어떤 이는 부를, 어떤 이는 권세를, 어떤 이는 명예를, 어떤 이는 전쟁의 승리를, 어떤 이는 기업가적 성공을, 어떤 이는 도덕적인 카리스마를 최고의 리더에 부합하는 덕목으로 여길 것이다.

그러나 이 모든 항목들에 평점을 매기고, 그 중에서 최고 점수를 차지한 두 명을 고른다면 과연 누가 될까.

얼마 전 마이크로소프트의 빌 게이츠가 사회에 환원한 엄청난 기부금이 이슈로 떠오른 적이 있다. 하지만 빌 게이츠가 내놓은 기부금은 자기 재산의 일부에 불과하다. 시저는 물론 죽은 후의 일이지만, 자기 재산을 모두 털어 로마의 모든 시민들에게 골고루 나눠줬다.

히틀러는 아리안민족의 순수혈통을 지구상에 복원시키겠다는 그릇된 유전학을 증명하고자 2차 대전을 일으켰다. 하지만 그의 유전학적 지식도 인도와 그리스와 이집트의 인종을 뒤섞어 신의 자손을 일으키겠다는 알렉산더의 해부학적 지식에는 못 미친다.

노예해방의 선구자 링컨은 오늘날 도덕적 리더십의 표본처럼 여겨지지만, 그도 결국은 암살 당했다. 그가 암살 당했을 때 링컨에 의해 해방된 노예 중 암살자 집단에게 보복한 사람이 있었던가. 하지만 시저가 죽었을 때 로마인들은 폭동을 일으켜 그를 암살한 정적들을 추방했다.

처칠은 2차 대전을 승리로 이끈 후 90세에 가까운 고령에도 불구하고 수상이 되었다. 그는 이미 여러 차례 뇌졸중으로 쓰러진 뒤여서 치매기가 있었으나, 영국 국민들은 처칠이 수상관저에서 나오는 모습만 봐도 환호했다. 하지만 영국 국민은 처칠을 인간이라고 생각했다. 그에 비하면 마케도니아인들은 알렉산더를 신의 아들로 믿었고, 페르시아인들은 악마의 아들이라고 믿었다.

작위적인 판단이지만, 시저와 알렉산더만큼 리더로서 그 역량을 떨친 인물도 드물다고 생각된다. 이들에게 최고라는 수식어를 붙이는 데 공감하지 못하는 사람들도 있겠으나, 리더십의 본질을 추구하는 과정에서 이들의 삶을 간과한다는 것 또한 공감하지 못하는 사람들이 많을 것이다.

고대와 현대를 막론하고 리더들은 선과 악이 공존하는 인간의 전형을 보여준다. 이것은 앞으로도 마찬가지일 것이다. 스포츠, 정치, 기업, 가정, 군대, 예술의 모든 집단에는 반드시 리더가 존재하고, 그 리더들은 존경과 사랑을 한 몸에 받는 성자의 길과, 증오와 질투를 한 몸에 받는 악마의 길 사이에서 방황해야 한다.

500년 전 마키아벨리는 플로렌스 공화국의 권력자들에게 물었다. 사랑 받는 존재가 될 것인가, 아니면 공포의 대상이 될 것인가.

리더란 조직의 안위와 발전에 절대적으로 복종하는 자리라고 생각하는 사람이 있다면, 그는 인간의 본성에 대해 좀더 공부가 필요한 사람이다. 리더는 특수한 위치다. 리더라는 곳은 인간의 의식 속에 잠재되어 있는 모든 욕망이 표출되는 자리이기도 하다. 따라서 인간은 리더가 되어야만 그의 진짜 인간성과 본질을 꿰뚫어 볼 수 있다. 그렇기 때문에 마키아벨리의 질문은 오늘날에도 가볍게 웃어넘기지를 못하는 것이다.

리더의 내면엔 과연 어떤 욕구가 숨어있을까. 그는 사랑 받기를 원할까, 아니면 모두에게 공포로 기억되고 싶은 것일까.

그 해답을 시저와 알렉산더에게 찾아보기로 하자.

왜 시저와 알렉산더인가?

시저와 알렉산더의 삶은 한 권의 책으로도 집약이 안 되는 방대한 역사이다. 하물며 이 짧은 구성으로 그들의 발자취를 돌아본다는 것은 불가능하다. 그러나 인간의 참다운 발자취는 사소한 사건이나, 말 한 마디, 혹은 작은 실수 등에서 더 확연하게 모습을 드러내기도 한다. 물론 한 인물의 가장 찬란한 업적을 살피지 않고서는 그의 삶을 지배한 리더십의 의미를 제대로 파악하지는 못할 것이다.

하지만 초상화를 그리는 화가가 제일 중요하게 생각하는 것이 사람의 눈빛이듯이 길고 긴 인생에서도 그 사람의 생애를 결정하는 시간은 단 몇 분에 지나지 않는다. 이 짧은 순간들을 돌아보는 것이 그들의 전 생애를 관통하는 것보다 더 큰 울림으로 다가올 수도 있다. 특히 시저와 알렉산더처럼 평범한 인생들이 단 한 번 겪을까말까한 업적들을 거의 평생토록 누려왔던 인물들이라면, 그 방대한 삶의 궤적이 그들의 본질에 접근하는 데 방해가 되기도 한다. 이런 점을 고려하여 앞선 장들처럼 리더의 삶을 추적하기보다는 우리가 보편적으로 알고 있는 리더십의 덕목들에 그들의 삶을 비춰보는 방식으로 이 역사적인 리더들의 생애를 관찰해야 할 것 같다.

왜 지배해야 하는가

천성적으로 타인이 내 머리 위에 군림하는 것을 견디지 못하는 사람이 있다. 그들은 싸워서라도 리드를 잡고 싶어한다. 그들이 더 많은 권력을 요구하는 것은 획득한 권력을 유지하고 확장하기 위해서가 아니다. 그것은 단지 누군가 내 머리 위에서 돌아다니는 것을 방지하기 위해서다. 그래서 대부분의 리더십은 자위적인 성향이 강하다. 나와 비슷하거나, 동일한 입장의 라이벌에게, 물론 내가 라이벌로 생각하는 상대방 또한 나를 라이벌로 여기는지는 불분명하지만, 대개의 경우 한 집단의 리더에 오른 자들은 사고체계가 서로 엇비슷하므로 세력이 비슷한 집단의 리더와는 공생하지 않는 것을 원칙으로 삼게 된다.

시저에겐 집권의 야욕이 있었지만, 그 야욕보다 더 큰 것은 폼페이우스에 대한 두려움이었다. 폼페이우스가 지배하는 로마에서 살아가느니, 야만족의 우두머리로 살아가는 게 더 행복할 것이라고 말하는 시저였다. 알렉산더가 페르시아를 정복한 것도 일종의 자기방어였다. 강대한 페르시아 제국은 마케도니아에 별반 관심이 없었건만, 알렉산더는 머리 위에 그처럼 강대한 제국이 건재해 있다는 것 자체를 견디지 못했다.

리더십은 리더에게 항상 잔인한 성품을 요구한다. 그들은 필요 이상으로 잔인한 행동을 서슴지 않는데, 알렉산더는 그 넓은 영토를 점령하고도 그리스의 도시국가에 불과한 테베인들이 반란을 계획하자 모두 노예로 만들어버렸다. 또한 시저는 폼페이우스를 도운 젊은 귀족들을 집단 학살했다.

승리를 추적해야 하는 이유

그렇다면 리더가 이토록 잔인해지는 까닭은 무엇 때문일까.

아프리카의 젊은 숫사자 한 마리가 예닐곱 마리의 암컷을 이끌던 늙은 숫사자를 몰아내고 집단의 새로운 우두머리가 되었다. 이 젊은 숫사자가 제일 먼저 한 일은 늙은 숫사자의 어린 새끼들을 무차별적으로 죽이는 일이었다. 젊은 숫사자는 한 마리의 새끼도 남겨놓지 않고 모두 죽인 후에야 비로소 암컷들을 찾아갔다.

리더의 야성도 이와 비슷하다. 리더가 잔인하게 돌변할 때는 그의 자리에 신변상의 위협을 느꼈을 때뿐이다. 인간의 내면에 잠재된 공격성은 수비적인 성향에서 시작된다. 인간은 먼저 공격으로부터 자기를 지켜내고, 그 다음에 상대방을 공격한다.

술라에게 온 집안이 화를 입은 시저의 머릿속엔 나를 지켜내기 위해선 남을 죽여야 한다는 의식이 어린 시절부터 자리잡고 있었을 것이다. 그 의식이 죽는 날까지 누군가를 공격하게 만들었고, 그에게 로마의 권력을 안겨주었다. 알렉산더도 이와 마찬가지였다. 알렉산더는 계모로 인해 여러 번 생명이 경각에 달했다. 그것은 알렉산더가 마케도니아의 왕자라는 신분을 지녔기 때문이다. 그는 왕자라는 자기의 신분 때문에 죽을 수도 있다는 것을 배웠다. 그리고 이 신분을 유지하기 위해서는 적이 될만한 자들은 무조건 공격해야 한다는 신념에 사로잡혔다. 인간은 신념을 만들어 내지만, 인간을 지배하는 것은 신념이다. 살아남아야 한다는 신념은 알렉산더에게 투쟁을 가르쳤고, 투쟁은 그에게 살아남는 법을 가르쳤다. 그리고 살아남았을 때 그는 승리자가 돼 있었다. 단지 살아남고자 휘둘렀던 폭력이 그를 승리자로 만든 것이다.

공격목표

리더십의 목표는 권력이다. 권력은 다른 사람에 대한 지배를 의미한다. 자기 보호에서 출발한 공격성향은 그를 권력자의 위치에 올려놓는다. 그리고 승리가 거듭될수록 지배에 중독된다. 권력은 마약과 같다. 한 번 리더의 자리에 오른 자는 내려오려고 하지 않는다. 파멸이 그를 끌어내릴 때까지 그 자리를 지키려고 한다. 이것은 욕망이나, 권위주의에서 비롯된 성질이 아니다. 이것은 인간의 본성이다. 이 본성은 한 인간의 리더로 만들기도 하고, 한 리더를 파멸로 이끌기도 한다.

육지의 모든 강물이 바다로 흘러나가도 바다를 채우지 못하는 것처럼 리더의 지배욕구는 채워지지 않는다. 따라서 가장 힘있는 권력자도 언제나 자기의 위치에 불안을 느끼고, 더 많은 권력을 쥐고 싶어한다. 그리고 종국에는 알렉산더처럼 스스로 신이 되려는 망상에 사로잡히게 되는 것이다.

알렉산더는 신탁에 대한 집착이 매우 강했는데, 그것은 고대에 미다스왕이 다스렸다는 어느 도시에서 산수유나무 껍질로 동여맨 전차를 만났을 때부터 시작되었다. 이 전차를 꽁꽁 묶은 산수유나무 껍질의 매듭을 푸는 사람은 온 세계를 정복한다는 전설이 있었다. 하지만 이 매듭은 도저히 사람의 힘으로는 찾아내지 못할 정도로 견고하게 묶여져 있었다. 세계 정복의 야망에 불타고 있던 젊은 왕은 칼로 그 매듭을 끊어버렸다. 과정이야 어찌 되었든 자기가 신탁을 해결했으니 유럽과 아시아를 모두 정복할 인물은 자기뿐이라고 믿게 되었다.

이때까지는 알렉산더도 자기가 인간에 불과하다는 것을 알고 있었다. 그러나 페르시아를 정복하고, 시리아와 인도 북부까지 점령한 왕은 고작 마케도니아의 왕으로 죽어야 하는 운명에 불만을 터뜨리기에 이르렀다. 그는 전쟁터마다 점성술사를 데리고 다녔고, 독수리로 운명을 점쳤다. 인간의 능력으로 권력을 쟁취한 대왕이 권력 앞에서 점괘에 의지하는 처지가 되고 만 것이다.

욕망은 지속적인 불만과 상관관계가 있다. 권력욕은 더욱 그렇다. 로마의 영구집권을 합법화시킨 시저는 끝내 왕위를 탐하다가 자식처럼 생각했던 브루투스의 칼에 죽었다. 당시 시저는 로마의 전제 왕이나 다름없는 권력을 누리고 있었다. 하지만 시저는 명목뿐인 왕위를 죽을 때까지 원했다. 왜 시저는 종신집정관이라는 국민과의 타협보다 모두의 적이 될 수밖에 없는 왕위를 노렸던 것일까.

권력을 가진 자들은 본질적으로 피지배계층과 다르지 않다. 시저는 술라의 칼날을 피하기 위해 해외로 도주했고, 해적들의 포로가 된 적도 있었다. 시저는 해적들에게 포로로 잡혔을 때 해적들이 요구한 몸값보다 더 많은 돈을 주고 풀려났다. 아무리 자기 처지가 도망자 신세일지라도 평범한 일반인들과 동일하게 취급받는 것은 견디지 못했다. 훗날 시저는 직접 함대를 지휘해 이들 해적들을 모두 소탕해버렸다.

리더와 피지배계층은 천성적으로도 다르지 않다. 누구나 승리를 원하고, 패배를 두려워한다. 더군다나 리더는 피지배계층보다 우월하지도 않다. 전문적인 지식에서는 그들보다 한참 뒤떨어지는 경우도 많다.

리더와 피지배계층의 유일한 차이점은 그들의 행동이다. 리더들은 리더가 아니었을 때부터 거만하다. 자기 위치에 상관없이 인간을 지배하고 싶어하는 그들의 본성이 드러나는 것이다.

알렉산더는 부왕(父王) 필립이 도시들을 정복할 때마다 슬퍼했다. 자기가 정복해야 할 땅이 그만큼 줄어든다고 생각했기 때문이다. 알렉산더는 쾌락도, 재물도 전혀 탐내지 않았다. 그가 원한 것은 오직 단 하나, 자기 이름이 영광을 받는 것뿐이었다.

변화의 필요성

새로운 리더십의 출현은 필연적으로 혼란을 수반한다. 인간의 활동에는 에너지가 필요한데, 권력도 인간활동의 범주에 속하므로 이를 탈환하고 유지하기 위해서는 상당한 에너지가 필요하다. 그래서 리더들은 자기의 권력을 유지하는 방법으로 법과 제도를 정비하곤 한다. 리더십은 본질적으로 파괴욕구가 다분하다. 이 욕구를 정적들에게만 남용한다면 문제가 없겠으나, 역사에 등장하는 독재자들처럼 자기가 소속된 조직에 쏟아 붓고 싶을 때도 있으므로 리더들은 법과 제도라는 두 가지 한계설정을 통해 스스로를 결박시킨다.

법과 제도, 다시 말해 우리가 공공질서라고 정의하는 이 관습들은 어디까지나 리더를 위해 존재할 뿐이다. 세상이 바뀌면, 즉 리더가 바뀌면 새로운 리더십이 그 모습을 나타낸다. 이때 기존의 법과 제도는 타도대상이 될 수밖에 없다.

폼페이우스와 크랏수스를 물리치고 로마의 최고 권력자에 오른 시저가 제일 처음 시행한 일은 귀족이었던 폼페이우스가 만들어 놓은 법령을 모두 없애버리는 일이었다. 앞서 말했듯이 법과 제도는 한계설정이다. 인간의 행동을 제약하는 강제성을 띠고 있다. 인간의 행동을 장려하고 인도하는 데 법과 제도의 목적이 있는 것이 아니라, 인간을 억압하고 길들이기 위해 법과 제도가 존재하는 것이다. 리더들은 실상 자기야말로 법과 제도의 파괴자이면서 조직원들에겐 자기의 법과 제도를 주입시키려고 한다.

폼페이우스가 로마를 지배한 것은 술라가 사망한 직후부터였다. 시저와 공동으로 로마를 다스린 기간까지 합치면 로마인들의 생활규범은 폼페이우스가 만들어놓은 귀족적인 방식에 길들여질 대로 길들여져 있었던 셈이다. 주인에게 길들여진 개는 주인과 다른 명령에는 따르지 않는다. 로마인들이 폼페이우스보다 훨씬 서민적이었던 시저를 믿지 않았던 것은 그들 자신이 서민이었음에도 폼페이우스의 귀족적인 통치 스타일에 길들여졌기 때문이었다.

이를 간파하고 있던 시저는 로마에서 폼페이우스를 몰아낸 후 기존의 모든 법령을 폐지하고, 토지분배부터 새롭게 시작했다. 리더의 몰락은 리더만의 몰락으로 그치지 않는다. 그의 리더십에 익숙해진 구성원들의 몰락과 동일하다. 새롭게 그 자리를 획득한 리더는 길들여지지 않은 애마를 원한다. 알렉산더가 자기 그림자에 놀라 날뛰는 명마(名馬) 보우케팔로스를 알아봤듯이, 리더들은 본능적으로 누가 자기에게 길들여질 것인지를 정확하게 파악하는 눈을 가지고 있다. 만약 그런 눈이 리더에게 없다면 그에겐 리더로서의 자격도 기대할 수 없다. 자기자신도 지켜내지 못하는 리더는 리더가 아니기 때문이다.

따라서 리더가 변화의 필요성을 역설할 때는 두 가지 경우를 예상해볼 수 있다. 첫째는 시저의 경우처럼 한 시대가 몰락하고 새로운 시대가 등극했을 때이며, 둘째는 알렉산더처럼 리더의 의중이 현존하는 집권체제에서 멀어졌을 때이다. 시저의 경우처럼 새로운 리더가 등극했을 때는 기존의 조직 자체를 허물어뜨리고, 완전히 새로운 계층을 적극적으로 부각시키는 방법을 채택한다. 이에 반해 알렉산더의 경우처럼 –왕이 바뀌었다고는 하나, 마케도니아의 왕권을 그대로 인수했다는 점에서 알렉산더의 등장은 기존질서의 재편이라고 표현하는 편이 더 합당할 것이다– 리더의 의중이 안에서 밖으로 옮겨졌을 때는 법과 제도를 고치기보다는 법과 제도를 시행해온 구성원들을 변화시키는 것이 더 합리적이라고 판단한다.

철학적 승리와 승리를 위한 예술

축구는 팀 플레이이다. 축구에서 팀이 차지하는 비중은 절대적이다. 그러나 이 팀을 승리로 이끄는 플레이를 결정하는 것은 감독의 몫이다. 축구감독들은 여러 가지 전술로 자기 팀을 운영하는 데, 팀에 자기의 축구철학을 강요하는 감독이 있는가 하면, 팀의 특성에 맞게 자신의 축구철학을 변화시키는 감독도 있다.

둘 중 어느 감독이 더 출중한가를 따지기 전에 팀이 감독들로부터 받는 영향부터 살펴본다면 자기의 축구철학을 강조하는 감독은 선수의 질적 구성보다는 스타일을 중요하게 생각한다. 한 두 명의 스타 플레이어보다 디펜스, 미드필더, 포워드 간의 유기적인 밸런스를 강조하는 것이다.

팀의 특성에 맞게 전술을 유동적으로 변화시키는 감독은 팀의 장점을 극대화하는 전략을 주로 사용한다. 팀에 빠른 선수들이 있다면 감독은 상대 팀을 교란하는 전략을 사용할 것이고, 거친 선수들이 많다면 수비쪽에 무게를 두면서 신경질적이고도 느슨한 경기를 요구할 것이다. 팀 수준이 전체적으로 평범하면서도 엇비슷하다면 감독은 부분전술에 의존하는 전략을 채택하게 될 것이다.

철학을 강조하는 감독은 선수들에게 승리보다 뛰어난 경기운영을 요구한다. 사람들은 그가 실패를 두려워하지 않는다고 생각하지만, 실제로는 그가 생각하는 축구에 승리와 패배는 존재하지 않는다. 다만 얼마나 멋진 경기, 다이내믹한 플레이로 상대방과 관중들에게 깊은 인상을 남겼느냐가 중요하다. 그래서 이런 감독들은 승자에게 환호할 줄도 알고, 패자를 진심으로 위로할 줄도 안다.

알렉산더가 축구감독이었다면, 결과보다 경기의 내적 흥미에

더 집착하는 스타일시한 감독이 되었을 것이다.

 알렉산더는 아주 어렸을 때부터 도리에 맞는 일이면 누가 시키지 않아도 순종했지만, 아무리 그것이 옳은 일이더라도 강제로 시킬 때는 어르고 때려도 말을 듣지 않았다. 그의 이런 성품은 훗날 왕이 되어서도 마찬가지였다. 알렉산더는 신하들을 함부로 다스리지 않았다. 그는 명령을 내리기보다는 부하들이 알아들을 수 있도록 설득하거나, 감정에 호소하는 일이 잦았는데, 그 이유는 자기가 옳다는 확고한 신념 때문이었다.

 알렉산더에게 정복전쟁은 단순히 영토를 확장시키기 위한 도발이 아니었다. 그가 마케도니아의 위대한 왕이며, 아리스토텔레스의 제자로서 인간을 뛰어넘는 존재가 되었다는 것을 보여주기 위해서였다. 알렉산더에겐 이것만으로도 전쟁의 명분이 충분했으나, 그를 따르는 장수들의 생각은 좀 달랐다. 페르시아를 정복할 때만 해도 장수들은 언젠가 서로 칼을 맞댈 수밖에 없는 필연적인 전투라고 생각했기에 군말 없이 동의했다. 그러나 페르시아를 정복하고도 계속해서 진군하여 시리아와 인도까지 밀고 들어갔을 때는 왕의 무리한 계획에 사사건건 반기를 들었다.

 그때마다 알렉산더는 왕다운 위엄으로 부하 장병들을 꾸짖거나 명령하는 대신, 반나절씩 목욕을 하고, 향유를 바르고 잔치를 벌였다. 자기가 신(神)일지도 모른다는 망상에 사로잡힌 왕은 인간적인 명령으로 자신을 따르게 하는 것은 마음에 들지 않았다. 잔치 석상의 제일 높은 자리에 앉아 술만 따라주면 모든 부하들이 자기를 신처럼 우러러볼 것이라고 생각했다. 알렉산더는 자기가 신의 반열에 오르려면 인도를 정복해야 한다고 믿었다. 그리고 지금 부하들은 마케도니아의 왕이 아닌, 천상에서 내려온 신을 알현하는 것이므로 그의 뜻을 받들어야 한다고 믿었다. 그리고 이런 믿음은 왕으로서의 명령에 의해서가 아니라 자기의 위대한 모습을 보여줌으로써 부하들의 마음에 새겨질 것이라고 확신했다. 군대로서의 승리보다 개인적인 성취감을 위해 전쟁을 일으킨 셈이다. 이것은 팀을 위한 승리보다 개인적인 축구철학을 증명하고자 그라운드에 나서는 감독들의 성향과 상당부분 일치된다.

승리를 훔치고 싶지는 않다!

알렉산더의 이 같은 성향을 보여주는 또 한 가지 일화가 있다.
페르시아왕 다리우스와 알렉산더의 마지막 전투는 유프라테스 강 유역에서 벌어졌다. 양측은 강을 사이에 두고 진을 꾸렸는데, 다리우스의 군대는 100만 명에 육박했다. 이에 비하면 알렉산더의 군대는 턱없이 부족했다. 이전의 전투로 알렉산더는 페르시아 수도를 정복하기는 했지만, 인명피해가 너무 많았다. 그리고 현재

남아있는 군대도 장시간의 행군과 거듭되는 전투로 기진맥진해 있었다. 수도가 함락되긴 했어도 다리우스는 후방에서 병력을 보충한 덕분에 모두 힘이 넘쳤다.

밤이 되면 페르시아군의 주둔지는 횃불이 파도처럼 일렁이고, 말 울음소리가 천둥처럼 울려 퍼졌다. 수적으로는 도저히 상대가 안 될 것으로 여긴 알렉산더의 부장들은 대낮에 맞붙어서는 승산이 없으므로 새벽에 기습해야겠다고 의견을 모았다. 그런데 정작 알렉산더는 평소처럼 밤늦도록 제사를 지내고, 대낮에야 잠에서 깨어나는 것이었다.

다급해진 부장들은 알렉산더의 막사로 찾아가 한밤중에 공격을 개시해야 한다고 역설했다. 알렉산더가 왜 그래야 하느냐고 묻자, 한 장수가 어두워서 적이 얼마나 많은지 구분할 수 없어야만 병사들이 도망치지 않고 싸울 수 있기 때문이라고 대답했다. 그 말을 들은 알렉산더는 승리를 훔치고 싶지 않다며 다시 침대에 누워버렸다.

알렉산더는 다리우스와 몇 번의 대전투를 경험했고, 그때마다 모두 승리했다. 이번 전투만 승리한다면 페르시아 정복의 대업이 완성되는 것이었다. 알렉산더는 그런 중요한 전투를 명예롭게 이기고 싶어했다. 유럽과 아시아를 정복해 신의 반열에 오르려는 꿈을 가진 자가, 인간에 불과한 다리우스를 이기기 위해 야밤에 급

선과 악의 딜레마

습이나 한다는 건 비열한 짓이라고 여겼다. 그렇지 않아도 다리우스는 알렉산더에게 패한 이유가 대군을 이끌기엔 지형이 너무 협소한 곳에서 전투를 벌인 때문이라는 변명을 일삼고 있었다. 만일 부하들의 말처럼 한밤중에 기습하여 승리한다면 다리우스는 자신을 비겁한 인물로 여길 게 분명했다.

'만약'이라고 말하는 자들을 경계하라

알렉산더는 전쟁의 승리뿐 아니라 패자의 존경까지 원했다. 적에게서 운이 없어 졌다느니, 수적으로 불리했다느니 같은 변명이 나오는 것 자체가 불쾌했다.

온 세계에 페르시아 전쟁의 위대한 승리가 알렉산더 자신의 초인적인 능력, 다시 말해 신에 근접한 능력으로 승리했다는 것을 증명하려면 대낮에, 그것도 적이 원하는 곳에서 적보다 훨씬 부족한 전력으로 이겨야만 했다.

그때쯤엔 자기가 신일지도 모른다는 생각에 자주 빠져있던 알렉산더는 제사를 지내 자기의 승리에 어울릴만한 길일을 택한 후 정오쯤에야 나팔을 불며 유프라테스강을 건넜다. 이때도 다른 전투와 동일하게 알렉산더가 군의 전면에 나섰다. 알렉산더의 전술은 생각보다 단순한 편이었다. 그는 아군의 피해 따위는 고려하지 않았다. 전쟁이란 어차피 이기는 쪽이 모든 것을 갖게 되므로 후퇴 같은 건 처음부터 계획에 넣지 않았다. 왕이 죽으면 죽었지 후퇴는 하지 않는다는 것을 그의 병사들은 모두 체험하고 있었다. 마케도니아군은 '만약'이라는 단어를 몰랐다. '만약 진다면, 만약 비긴다면' 같은 생각은 아예 하지도 않은 것이다.

마케도니아군이 이처럼 정신적으로 강하게 무장돼 있던 데 반해, 페르시아군은 수만 많았지 대부분 전투경험이 부족한 후방군이었다. 적은 수의 무리가 죽기살기로 강을 건너오자 그들의 머릿속엔 '만약'이라는 단어가 떠오르기 시작했다. '만약 진다면 어디로 도망가야 할까, 만약 진다면 적들이 살려줄까, 만약 진다면 언제쯤 전투가 끝날까' 같은 생각들이 페르시아군의 사기를 저하시켰다. 사기는 전염병과 같아서 좋은 쪽이든, 나쁜 쪽이든 한 번 휘몰아치면 막을 길이 없다. 더구나 적의 수장인 알렉산더는 황금투구와 갑옷을 번쩍이며, 무장한 군신(軍神)의 모습으로 군대의 선두에서 달려왔고, 아군의 수장인 다리우스는 군대 후미의 전차에 숨어 언제든 도망갈 기회만 엿보는 것으로 보였다. 상황이 이렇다보니 알렉산더가 유프라테스강을 건넜을 땐 이미 승패가 정해진 것이나 다름없었다. 주력군은 강 건너편에 그대로 남아있었음도 불구하고, 페르시아군은 알렉산더가 이끄는 기병대에 철저히 농락당했다. 저녁나절에 전투가 끝났는데, 강물은 페르시아군의 핏물이 스며들어 시뻘겋게 변해 있었다. 이 전투에서 다리우스왕은 치명적인 부상을 입고 간신히 도주했으나, 며칠 후 부하의 배신으로 죽고 말았다.

이 전투로 페르시아 왕국은 완전히 붕괴되었고, 알렉산더는 그리스와 페르시아의 왕으로 선포되었다.

알렉산더가 좀 더 쉬운 길을 택했다면, 즉 정공법을 버리고 기습이나, 지형을 이용한 전술을 적극적으로 수행했다면 마케도니아군의 피해는 그만큼 줄어들고, 승리에 필요한 시간도 단축되었을 게 분명하다. 그러나 알렉산더는 언제나 정면승부를 즐겼다. 적의 위세와 상관없이 자신의 모든 것을 걸고 운명을 시험한 것이다. 그의 시험은 결국 인도의 갠지스강까지 건넌 후에야 종결되었다.

왔노라, 보았노라, 그리고 이겼노라

알렉산더가 자신의 철학으로 팀 플레이를 결정하는 스타일이라면 시저는 팀의 특성을 더 중요하게 생각하는 스타일이었다.

팀의 특성을 고려하는 감독들은 최우선적으로 승리를 목표로 삼는다. 팀을 맞다보면 구성이 좋은 팀도 있고, 조금 떨어지는 팀도 있는데, 좋은 팀이든 나쁜 팀이든 감독의 경력을 살려주는 것은 오직 승리뿐이기 때문이다. 따라서 이런 감독들은 전적에 대한 집착이 매우 강하다. 그에게 축구의 묘미는 승리밖에 없다. 한 골을 먼저 넣고 수비위주로 시간을 지연하는 것도 1승이고, 약한 상대를 만나 분풀이를 하듯 열 골을 집어넣어도 결과적으로는 1승이다. 방법이야 어찌 되었든 목적은 1승이므로 감독은 자기의 스타일보다 팀원에 맞는 최선의 전술을 구상하는 것이 당면과제가 된다.

이때 중요한 것은 감독이 팀의 장·단점을 능동적으로 파악해야 한다는 점이다. 실전이 얼마 남지 않은 상황에서 단점을 고칠 시간적 여유는 없다. 단점은 최소한으로 가리고, 장점은 극대화시킬 수 있는 새로운 전략이 필요한 것이다.

시저의 목적은 신을 꿈꾸는 알렉산더처럼 이상적이진 않았다. 그는 매우 현실적인 목적으로 로마를 지배하고 싶어했다. 그리고 자기가 죽을 때까지 로마의 지배자로 남길 원했다. 당시 로마의 정치체계는 공화정이므로 왕이 필요 없었다. 유명인사들이 집정관을 맡으면서 짧게는 몇 달에서 길게는 몇 년씩 권력을 행사했는데, 그 마저도 대 여섯 번에 불과했다.

로마의 1인자가 되고 싶다는 시저의 야망이 실현되려면 로마의 공화정부터 무너뜨려야 했다. 기존질서를 모두 전복시켜야만 그토록 원하는 종신집권이 가능해지기 때문이다.

이를 위해 시저는 로마를 무정부 상태로 만들어야 했는데, 그러

선과 악의 딜레마

기 위해서는 로마의 실권자인 폼페이우스부터 제거해야 했다. 그러나 폼페이우스에 비하면 자신의 팀은 보잘것없는 수준이었다. 먼저 자기 팀을 폼페이우스가 이끄는 막강한 팀에 전력적으로 대등한 수준까지 끌어올리는 것이 시급했다.

폼페이우스의 팀 구성은 귀족출신이라는 특징이 있었다. 폼페이우스 자신이 로마의 명문가 태생이었고, 성품도 귀족적인 고결함으로 많은 인기를 끌고 있었다. 팀 구성이 귀족들로 짜여진 만큼 정치·경제·문화에 걸친 막강한 인맥과 자금력에서는 시저가 아무리 발버둥을 쳐도 적수가 되지 못했다. 그뿐만이 아니었다. 폼페이우스는 전투경험이 자기보다 월등히 뛰어났다. 폼페이우스는 귀족임에도 불구하고 로마의 중요한 전쟁에는 빠짐없이 참가하여 중산층과 서민에게도 상당한 신망을 얻고 있었다. 로마에서 그를 싫어하는 사람은 시저와 그의 잔당뿐이었다.

시저 또한 폼페이우스와 마찬가지로 귀족출신이었으나, 이름만 남은 허울뿐인 귀족이었다. 설상가상으로 그의 가문은 마리우스 일파와 상당한 관계를 맺고 있었다. 마리우스는 한때 로마의 권력을 움켜쥐고 공포정치를 펼쳤던 인물이다. 그 시절을 기억하는 사람들은 시저의 이름만 들어도 마리우스를 떠올리며 진저리를 쳤다. 그런 상황에서 시저가 정계에 입문한다면 첫걸음을 떼기도 전에 정치적으로 매장 당할 게 분명했다.

그나마 자기에게 우호적인 팀은 마리우스의 잔당뿐이었다. 이들은 하나같이 로마에서 인심을 잃은 자들이었고, 거리의 불량배에 불과했다. 눈을 씻고 찾아봐도 장점 같은 건 눈에 띄지 않았다. 반면에 단점은 수두룩했다. 폭력적이고, 씀씀이가 헤프고, 사람들의 인심을 잃었고, 게으르고, 무능력했다. 그래도 단 한 가지, 의리는 남아있었다. 이들은 모두 마리우스가 로마를 다스리던 시절을 그리워했다. 시저야말로 자기들에게 마리우스 때의 영광을 되돌려줄 마지막 희망으로 여기며 절대적인 충성을 보였다.

이런 팀을 이끌고 스스로를 일컬어 '로마, 그 자체'라고 외치는 폼페이우스 팀과 맞선다는 것은 승산 없는 게임에 불과했다. 하지만 시합은 목전으로 다가왔다. 더 이상 꾸물거릴 시간이 없었던 것이다.

1 승부터 노려라

시저는 승리를 위해 자기 팀의 장점을 최대화시켜야겠다고 생각했다. 시저의 팀엔 언변이 능하고, 술수가 뛰어나며, 무리를 쉽게 선동하는 자들이 많았다. 시저는 폼페이우스의 손길이 닿지 않는 불평분자들을 포섭하기 시작했다. 그리고 자신은 직접 변호사가 되어 법정에서 많은 사람들을 무료로 변론해주었다. 이 과정에서 시저는 생각했던 것보다 폼페이우스의 무능을 질타하는 여론이 많다는 것을 알게 되었다. 물론 폼페이우스를 탐탁지 않게 생각하는 대부분의 사람들이 도덕적으로 문제가 많은 인물들이었으나, 시저는 개의치 않았다.

그러나 아직 로마에서 시저와 폼페이우스를 동급으로 생각하는 사람은 없었다. 누구도 시저에겐 관심을 보이지 않았다. 시저는 이것을 기회로 삼았다. 그는 팀원들을 독려해 폼페이우스의 정책을 비판하는 대중집회를 수시로 개최했다. 하지만 자신은 이에 대해선 일절 관여하지 않는 것처럼 꾸몄다. 팀원들이 거리에서 폼페이우스를 비난하는 동안, 시저는 법정에서 사람들을 변호해 인심을 얻기 시작했다. 그는 은연중에 폼페이우스는 귀족적이고, 자신은 서민적이라는 인식을 사람들의 머릿속에 심어 넣었다.

폼페이우스는 시저의 이런 활동을 보고 받고도 전혀 의식하지 않았다. 너무나 미약한 세력이기에 자신이 직접 나서면 오히려 야박하다고 인심을 잃게 될지도 모른다는 생각을 할 정도였다.

그러는 동안 시저는 귀족과 상류층을 제외한 중산층과 도시 빈민층의 지지를 쌓기 시작했다. 그의 팀원들은 사람들이 많이 모인 정치집회마다 빠짐없이 참가하여 폼페이우스와 시저를 비교하면서 폼페이우스가 왕처럼 군림하는 데 비해 시저는 없는 자들의 친구라고 주장했다.

이런 정치공작으로 민심의 기반을 닦는 데 성공한 시저는 군무위원 선거에 출마하기로 결심한다. 그런데 이 선거에는 폼페이우스도 자기 측근을 입후보시켰다. 이에 시저는 자기가 출마하려던 생각을 바꿔 측근 중 한 명을 대리로 내세웠다. 그리고 직접 선거운동에 나섰다. 이렇게 되자 로마 시민들은 군무위원 선거를 폼페이우스와 시저의 대리전처럼 바라보게 되었다. 실제로 시저의 세력은 예전과 비교했을 때 조금도 나아진 것이 없었지만, 꾸준한 정치공작을 통해 폼페이우스에 버금가는 정치세력으로 사람들 머릿속에 자리잡게 된 것이다.

폼페이우스는 그제야 사태가 심각해졌다고 여겨 적극적으로 선거운동에 돌입했는데, 사람들의 이 같은 생각만 더욱 확고해지는 결과를 낳고 말았다. 단순한 군무위원 선거가 시저를 폼페이우스의 라이벌로 대두시킨 것이다.

시저가 자신의 팀 사정은 고려하지 않고, 폼페이우스에 맞서 싸울만한 힘을 키우려고 노력했다면 10여 년은 족히 걸렸을 것이다. 하지만 그는 팀원들에 맞는 전략을 구상했고, 이를 적극적으로 활용했다. 그 결과 승패를 떠나 적수가 안 된다고 여겨지던 시저에게 폼페이우스와 대립할 수 있는 기회가 주어졌다. 그것만으로도 시저는 원했던 1승을 챙겼다고 볼 수 있을 것이다.

시대와 조직이 요구하는 유연성에 귀기울여라

리더쉽은 흔히 한 가지 방면에서 발휘되는 것이라고 생각되기 쉽다. 그러나 훌륭한 리더, 다시 말해 자기가 원하는 목적을 달성한 리더들은 결코 하나의 길만 고집하지는 않았다. 조지 워싱턴은 정치가로 출발해 명성을 얻었으나, 그를 대통령으로 만든 것은 전쟁에서의 승리였다. 처칠은 원래 군인이었으나, 나중에는 종군기자로 인기를 끌었고, 이를 바탕으로 정계에 입문, 1차 대전 때는 해군장관으로 전쟁을 지휘했으며, 2차 대전이 발발하자 그 같은 경험을 인정받아 수상이 되었다. 그런데 정작 처칠의 노벨상 수상은 평화상이 아닌 문학상이었다.

드골과 아이젠하워도 마찬가지다. 이들은 모두 뛰어난 군인으로 출발해서 일국의 대통령이 된 인물들이다. 때론 그 분야에 직접적으로 뛰어드는 것보다 그와 유사한, 혹은 그에 버금가지만 체질에 잘 들어맞는 분야에서의 성공을 바탕으로 보다 손쉽게 원하는 분야의 리더로 자리를 옮길 수도 있다. 많은 군인들이 정계에 진출해 지도자로 활동하는 것은 좋은 예이다.

그러나 한 분야에서 성공한 인물이 다른 분야에서도 그에 못지않은 성공을 이룬다는 것은 극소수에 지나지 않는다. 나폴레옹은 뛰어난 군사적 소질과 승리를 기반으로 황제가 되었으나, 이 같은 영광보다 정치와 법에 대한 공로를 더욱 소중히 여긴 나머지 나폴레옹 법전까지 발표했다. 하지만 결과적으로 나폴레옹의 정치는 전제정치에 대한 불만만 확산시켰고, 군대로 일군 수많은 업적을 귀양살이로 바꿔놓았다.

근래에 이 같은 리더십의 유연성으로 성공한 인물을 꼽자면 마이크로소프트의 빌 게이츠일 것이다. 빌 게이츠는 원래 변호사가 목표였다. 그러나 인텔에서 근무하던 폴 알렌이 마이크로프로세서 칩이 확산되면 머잖아 가정용 컴퓨터가 시장을 석권하게 되리라는 말을 듣고 과감하게 하버드를 떠났다. 그리고 많은 경쟁자들 중 소비자의 만족을 중요시하는 전략으로 시장을 사로잡는 데 성공했다. 이는 변호사를 꿈꿨던 빌 게이츠의 서비스적 정신이 일궈낸 수확이었다. 그들보다 뛰어난 경쟁자들이 전문성을 중시했던 데 반해 빌 게이츠는 철저하게 대중의 욕구를 따랐고, 이는 전자공학도에게 부족한 변호사의 시각이었기에 가능한 일이었다.

이처럼 리더십에는 유연성이 필수적이다. 리더는 단순한 자리가 아니다. 조직은 그에게 많은 능력을 보여줄 것을 요구한다. 비록 그 능력이 조직의 업무와는 별개의 능력일지라도 그들은 자기 머리 위에 군림하는 리더에겐 그 같은 능력이 갖춰져 있어야 한다고 믿는다.

안타깝게도 대부분의 리더들은 두 가지 이유로 시대와 조직이 요구하는 유연성을 거부한다. 첫째는 리더십도 인간의 본성이므로 한 가지 이상의 방면에서 동일한 능력을 발휘하기란 상당히 어렵기 때문이다. 그리고 둘째는 성공한 리더들은 그들을 여기까지 이끌어준 예전의 전술에 아직도 미련을 갖고 있기 때문이다. 한마디로 시대는 변하는데, 사람은 변하지 않는 것이다. 유연성은 급변하는 시대에 순응한다는 의미를 넘어 구성원들에게 리더로서의 자질과 상황에 대한 대응능력을 확인시켜준다는 점에서 매우 중요하다. 즉 유연성은 누구보다 리더에게 필요한 조건인 셈이다. 그런데 많은 사람들이 리더에 오르기까지는 변화에 적극적으로 대처하지만, 정작 리더의 자리에 오른 뒤로는 어떻게든 변화를 막아보려고 애쓴다.

이것은 사회주의 혁명으로 정권을 잡은 지도자들이 집권 후에는 철저한 1인 독재로 사회의 숨통을 조여버리는 것과 마찬가지다. 변화에 대한 국민적인 요구를 혁명이라는 혼란으로 발전시켜 기존의 수구정권을 무너뜨린 사회주의 혁명가들이 그 남은 생애를 독재정권의 기반을 닦는 데 바치는 것을 보면 유연성에 대한 리더의 거부감은 이기주의와 일맥상통하는 본성이 아닌가 싶다.

시대를 읽는 능력이 탁월했던 시저

　소수의 인원으로 산발적인 정치논쟁을 가속화시켜 폼페이우스에 맞설만한 정치적 발언권을 획득한 시저는 다시 한 번 정치능력을 발휘하는데, 이번에는 크랏수스가 그의 덫에 걸리고 말았다.
　당시 로마에서 폼페이우스의 세력을 힘으로 견제할 수 있는 인물은 크랏수스뿐이었다. 그는 재물과 병력에서 폼페이우스에 필적할만했으나, 정치력에서는 야심도 크지 않고 중립적인 성격이어서 시저만큼 신망을 얻지는 못하고 있었다. 시저에게 크랏수스는 입도 대지 않은 거대한 파이였다. 그는 이 파이에 소스를 조금만 끼얹으면 로마인들이 누구나 좋아하는 매력적인 상품이 될 것이라고 생각했다. 그리고 자신은 크랏수스의 판매원이 되어 막대한 중간 수수료를 챙기기로 결심했다.
　이렇게 전략을 수립한 시저는 문제를 일으키는 데 더없이 훌륭한 팀원들을 이끌고 크랏수스와 폼페이우스가 대립하는 한, 로마에 평화는 찾아오지 않는다고 역설했다. 사실 크랏수스와 폼페이우스는 서로에 대한 불만이 거의 없었다. 그러나 시저가 중간에서 설쳐대는 것을 보니, 상대방이야말로 자기에게 위협이 되는 인물이라는 생각이 자꾸만 고개를 쳐들었다. 이에 그 동안 아무런 충돌도 없이 각자의 영역에 만족하며 지내던 두 인물이 갑자기 원수

지간이 되어 으르렁거리기 시작했다.

그러자 시저는 기다렸다는 듯이 폼페이우스와 크랏수스를 화해시키겠다며 국민들을 선동했다. 별다른 마찰도 없이 졸지에 원수가 된 두 사람은 또 이렇게 해서 화해를 했고, 시저는 로마의 가장 큰 두통거리를 몇 마디 말로 제압해버린 탁월한 정치가라는 명성을 얻게 되었다. 이어서 시저는 언제 다시 두 사람의 관계가 악화되어 로마가 내란에 휩싸일지 모르는 만큼, 자기를 집정관으로 선출해 폼페이우스와 크랏수스의 갈등을 미리부터 방지하게 해달라고 정치공작을 펼쳤다.

폼페이우스와 크랏수스는 내키지 않았지만, 집정관만 시켜주면 시저의 입이 잠잠해질 것으로 생각하고, 시저를 집정관에 당선시켰다.

집정관이 된 시저는 드디어 본색을 드러내기 시작했다. 그는 과격한 법령을 연달아 제청했는데, 이는 민중의 인기를 얻는 것뿐 아니라 공화정의 토대인 원로원을 분열시키기 위함이었다. 더불어 로마를 혼란에 빠뜨리고, 그 책임을 폼페이우스와 크랏수스에게 돌리는 고도의 정치술수였다.

시저는 자기가 지지하는 법령들이 원로원에서 부결될 때마다 폼페이우스와 크랏수스를 데리고 광장으로 나가 교만한 원로원과 귀족들이 폼페이우스와 크랏수스의 충정을 욕보이고 있다고 소란을 피웠다. 이런 일이 반복되자 원로원과 귀족들은 폼페이우스, 크랏수스, 시저가 한패라는 생각을 갖게 되었고, 자연히 폼페이우스가 이끄는 귀족 진영에 분열이 야기되었다.

시저는 폼페이우스를 더욱 이용하려는 심산으로 그에게 딸인 쥬리아를 주었다. 쥬리아는 이미 다른 사람과 약혼한 몸이었지만, 시저는 상관하지 않았다. 이에 대한 보답으로 폼페이우스는 시저에게 4군단의 지휘권을 넘겨주었는데, 이것이야말로 시저가 그토록 원하던 기회였다.

이제 로마는 폼페이우스의 1인 지배체제에서 크랏수스와 시저가 더해진 삼두(三頭) 정치로 개편되었다. 이 같은 정치적 개편의 수혜자는 시저뿐이었다. 폼페이우스는 권력과 군대를 시저에게 나눠줬고, 크랏수스는 돈을 내놓았지만, 시저는 이들을 위해 내놓은 것이 아무것도 없었다. 하지만 둘 사이를 교묘히 이간질시키고, 화해시키면서 로마의 내란을 방지하는 제3의 세력인 양 행세했다. 그리고 이제 그 정치력이 절정에 달했을 때 시저는 돌연 폼페이우스에게 양도받은 4군단을 이끌고 고울 전쟁에 참전하게 된다.

시저가 정치적 리더십만을 믿고 로마에 남았더라면 언젠가 폼페이우스의 막강한 군대에 당했을 것이다. 그러나 시저는 시대를 읽는 능력이 탁월했다. 그에게 시대는 정치력이 아닌, 물리적인 군사력이 필요한 시대였다. 그가 정치권력에 안주해 삼두정치의 유지에만 급급했다면 폼페이우스와 크랏수스라는 라이벌들에게 모든 것을 빼앗을 것이 분명하다.

하지만 시저는 체질적으로 군대와는 맞지 않았다. 그는 체격이 왜소했고, 간질병 증세도 있었다. 게다가 고울처럼 지형이 험한 곳에 장기간 머물면서 전쟁을 치르기엔 나이가 너무 많았다. 특히 전쟁은 정치와 달리 술수가 통하지 않는 세계였다. 이 세계는 힘과 힘이 맞대결하는 정직한 세계였다. 시저가 리더십을 발휘한 정치와는 근본부터 다른 곳이었다.

권한을 행사하기 전에 마음 부터 사로잡아라

시저에게 전쟁의 승리는 필수였다. 로마가 그것을 원했다. 로마인들은 전쟁에서의 승리를 최고로 여겼고, 시저에겐 그것이 부족했다. 그가 궁극적으로 원하는 1인 독재는 라이벌들 못지 않은 전과 없이는 불가능했다.

그렇다면 시저는 어떻게 군대라는 새로운 영역에 적응할 수 있었을까.

시저는 군대에 자신을 맞췄다. 그는 처음부터 장병들과 똑같이 생활했다. 똑같은 음식만 먹고, 똑같은 막사에서 자고, 병사들과 함께 두 발로 행군했다. 로마의 역대 장군들 중 시저와 같이 행동한 장군은 없었다. 맨 처음 시저가 4군단의 군단장으로 부임했을 때 병사들은 전투 경험이 전무한 리더에 불안을 느꼈다. 군대의 목숨을 담보로 시저가 정치적 흥행을 노린다고 생각했기 때문이다.

그러나 시저가 이처럼 군대의 특성을 이해하고, 적극적으로 융합되자 군대의 사기는 그 어느 지휘관 밑에 있을 때보다 월등하게 높아졌다. 위대한 전사로 로마군의 흠모를 한 몸에 받던 폼페이우스마저도 시저의 리더십에 탄복할 정도였다.

군대라는 새로운 체계에 적응을 마친 시저는 군대의 조직체계를 자기가 원하는 대로 개편하기 시작했다.

시저는 복종관계인 군대의 질서부터 타파했다. 용감한 자에겐 명예로운 직책을 주고, 약한 자에겐 안전한 자리를 양보하도록 만든 것이다. 상명하복의 지휘체계는 군대에 특정한 인맥이 없는 시저에겐 불리한 제도였다. 자기의 명령에 의해서만 군대가 움직이도록 만들려면 조직이 아닌, 마음을 사로잡아야 한다고 생각했다.

그 동안 로마군은 승패에 상관없이 동일한 보수를 받았는데, 시저의 군대는 달랐다. 시저의 군대는 성과급이었다. 승리한 만큼 보상해준 것이다. 그렇다고 무조건 다 나눠주지는 않고 필요한 만큼만 나눠줬다. 나머지는 자기가 직접 관리하면서 전쟁비용으로 썼는데, 단 한 푼도 사적인 곳에 사용하지 않았다. 그러자 군대는 시저의 것은 곧 군대의 것이고, 군대의 것은 시저의 것이라는 생각을 갖게 되었다. 그래서 한 번 시저를 위해 싸운 병사는 무슨 일이 있어도 부대를 옮기려고 하지 않았다.

당시는 군대의 규율이 문란해져 전쟁이 심심풀이나 돈벌이 정도로 여겨질 때였다. 장군들은 다들 이러한 문제를 인식하고 있었으나, 그들도 이 같은 문제점에 노출되기는 마찬가지였다. 하지만 시저는 정치를 경험한 인물이었기에 병사들의 반발을 잠재우면서 잘못된 관행을 고칠 수 있었다. 그리고 이런 노력이 결국 시저에겐 힘이 되었다.

고울을 정복한 시저는 정치가 아닌 군대로서 폼페이우스와 맞대결을 펼쳤고, 마침내 그를 물리쳤다. 아무리 고울을 정복했다고 해도 시저가 폼페이우스의 군사력을 앞지를 수는 없었다. 그러나 시저에겐 군사력 외에 정치적으로 쌓아놓은 기반이 있었다. 그는 밖에서 자신의 군대로 폼페이우스와 싸우는 한편, 안에서는 측근들을 이용해 폼페이우스를 압박했다.

위기의 순간마다 유연성에 주목하라

폼페이우스에게도 기회는 있었다. 시저가 고울로 떠난 사이, 로마엔 폼페이우스뿐이었다. 폼페이우스가 정치에 조금만 관심을 보였더라도 시저에겐 기회가 없었을 것이다. 하지만 폼페이우스는 로마에 머물면서 오히려 자기의 정치적 입지를 약화시키는 행동을 벌였다. 그리고 마지막엔 미치광이쯤으로 여겼던 시저에게 힘 한 번 제대로 쓰지 못하고 로마를 송두리째 빼앗겼다. 폼페이우스의 몰락은 시대를 읽지 못한 오늘날의 리더들이 작은 균열을 막지 못해 허무하게 쓰러지는 것과 비슷했다.

알렉산더 같은 카리스마 넘치는 대왕에게도 유연한 리더십은 필수였다. 알렉산더는 시저와 달리 왕이라는 절대적인 권한이 있었기에 그만큼 필요를 느끼지는 못했지만, 유연성은 위기의 순간마다 리더를 구해주는 좋은 방편이므로 알렉산더의 생애에서도 그 모습을 찾아볼 수 있다.

페르시아 전역을 완전히 장악한 알렉산더는 마음속에 품고 있던 더 큰 계획을 실행에 옮기기 시작하는데, 다름 아닌 인도정복이었다. 그러나 마케도니아에서부터 시작된 전투로 병사들은 전투에 진력이 나 있었다. 페르시아와 시리아, 이집트를 정복하면서 전리품은 산더미처럼 쌓여 있었고, 어떻게든 이 어마어마한 전리품을 나눠 갖고 하루빨리 고향으로 떠나는 것만이 목적이었다.

알렉산더는 병사들의 마음이 전투에서 떠난 것을 알고 크게 분노했다. 이제 인도만 정복하면 모든 사람들이 자신을 신으로 경배할 것이 분명했는데, 이 중요한 찰나에 믿었던 부하들이 배신했다고 여긴 것이다. 알렉산더는 엄청나게 많은 전리품들을 수레에 쌓고 불을 질러버렸다. 이때부터 병사들은 왕이 제정신이 아닐 수도 있다는 생각을 하게 되었다.

이제 알렉산더의 전쟁은 마케도니아 왕으로서의 정복이 아닌, 신이 되기 위한 고행의 길이었다. 알렉산더는 병사들에게 최소한의 식량만을 요구하며 인도로 떠났다. 낯선 기후로 병사들과 알렉산더는 지치기 시작했다. 병사들의 입에서는 세상에서 제일 가는 부자 나라를 정복해줬더니, 이게 무슨 꼴이냐는 불평이 쏟아졌다. 그러나 알렉산더는 고통이야말로 신이 되려는 자기의 발목을 붙잡는 운명이라고 생각하며, 어떻게든 운명과 싸워 이기려고 했다. 인도는 단지 눈에 보이는 대상일 뿐, 실제로는 인간인 자기와 싸우려고 했던 것이다.

알렉산더는 사람이 지나갈 수 없는 험한 곳만 골라 행군을 감행했다. 전투다운 전투도 없었지만, 반수가 넘는 군병들이 길 위에서 허무하게 쓰러져갔다. 치열한 격전지에서도 살아남은 백전노장들은 한 치 앞도 헤아려지지 않는 절벽으로 떨어져 생을 마감하기 일쑤였다.

상황이 이렇게 되자 군대는 더 이상 왕과 함께 인도로 들어가지 않겠다고 버텼다. 알렉산더는 갠지스강만 넘으면 인도를 정복할 수 있다고 설득했지만, 병사들은 완고했다. 말로는 그들의 마음을 돌이키지 못한다는 것을 알게 된 왕은 스스로 신이 되었다. 그는 며칠동안 막사에 틀어박혀 점술가와 무당들을 불러놓고 제사를 지냈다. 그 동안 병사들 사이에선 의견이 둘로 나뉘어졌다. 한쪽은 어떻게든 이쯤에서 돌아가야 한다고 주장하는 데 비해, 다른 한쪽에선 왕과 함께 명예로운 죽음을 택하겠다는 입장이었다.

며칠만에 모습을 드러낸 왕은 예전의 왕이 아니었다. 그는 지금부터 내리는 명령은 마케도니아의 알렉산더가 내리는 명령이 아니라 신의 명령이라고 선포했다. 자기를 따라 갠지스강을 건너는 자들에겐 이생에서의 축복뿐 아니라 죽어서도 신이 될 수 있다고 외쳤다. 이 말에 생각보다 많은 병사들이 알렉산더를 따랐는데, 돌아가는 길보다 앞으로 나가는 길이 더 가까울지 모른다고 생각한 병사들이 대부분이었다. 나머지 군대는 선단을 이끌고 다시 돌아오겠다는 말을 남기고 모두 돌아갔다.

광기도 리더십이 될 수 있다

그리스와 페르시아와 시리아와 이집트를 정복한 군대는 이제 광신도 집단이 되었다. 왕은 가는 곳마다 지명을 알렉산드리아라고 바꾸었다. 그렇게 갠지스강과 인더스강을 건너는 데 3개월이 넘게 걸렸다. 매일 밤 왕은 병사들을 모아놓고 제사를 지냈다. 대왕에서 신관이 된 것이다. 매일 밤 제사를 지내다보니 병사들의 의식 속에서 없던 신앙도 생겨나기 시작했다. 게다가 왕은 작은 징조만 보여도 행군을 멈추고 공포에 떨며 며칠씩 제사를 지냈다. 결국 병사들도 모두 겁에 질려 왕이 하는 대로 지켜볼 뿐이었다.

그 후로도 알렉산더는 사막에서 60일을 더 헤맨 끝에야 바다로 나올 수 있었다. 이것이 알렉산더에겐 마지막 정복이었다.

그때 알렉산더가 신앙이 아닌, 군대의 명령으로 이들을 이끌고 인도까지 갔더라면 아마도 부하의 칼에 일찌감치 살해당했을 것이다. 다행히도 알렉산더는 적절한 시기에 대왕으로서의 권위를 버리고, 인간의 내면에 도사리고 있는 신앙심과 공포를 자극해 난폭한 군대를 이끌고 인더스강까지 건널 수 있었다. 역사적으로는 불행한 사건이지만, 한 인간으로서 자기의 꿈을 실현시켰다는 점에서 알렉산더의 광기는 관점에 따라 유연한 리더십으로도 평가할 수 있을 것 같다.

5

브루투스와 안토니우스
후계자의 두 가지 선택

5
후계자의 두 가지 선택

브루투스와 **안토니우스**

시대는 계속해서 몰락한다

인생은 유한하다. 그 유한한 인생은 언젠가 석양의 노을처럼 지는 날이 있다. 영원할 것만 같았던 한낮의 밝은 태양이 대양 아래로 가라앉는 것이다. 그리고 밤이 찾아온다. 밤은 불과 몇 시간 전까지만 해도 태양의 보호를 받으며 제 세상인 양 활개치던 이들에게 더 없이 위험한 시기이다. 빛을 잃어버린 광기가 시대를 휩쓸기 때문이다. 다음날 새벽이 찾아올 때까지 사람들은 밤에 적응하고자 서로 다른 선택을 한다. 어떤 이들은 자기의 눈이 어둠에 익숙해질 때까지 기다리고, 또 어떤 이들은 아예 눈을 감고 동이 틀 때까지 기다리는가 하면, 보다 격정적이고 야심이 많은 이들은 스스로 횃불을 들고 사람들 앞에 나선다.

절대권력은 이 태양과 같다. 태양이 세상을 비추는 동안에는 아무것도 숨기지 못한다. 모든 것이 드러난다. 그러나 태양이 몰락하고, 밤이 찾아오면 세상은 변한다. 누가 이튿날 새벽에 태양으로 떠오를지 아무도 모르기 때문이다. 밤엔 작은 성냥불로도 세상을 밝힐 수 있다. 그래서 절대권력이 무너지면 아주 보잘것없는 리더십만으로도 사람들의 이목을 집중시키는 것이 가능해진다.

하지만 이튿날 새벽이 찾아오는 것은 막지 못한다. 미래를 예측하지 못하는 자들은 이 밤이 영원할 것처럼 떠들어대지만, 지구는 영원히 돈다. 밤이 길면 새벽이 찾아오는 법이다. 다만 자연계의 섭리와 달리, 인간 군상들이 난무하는 사회에선 정해진 태양이 없다. 가장 큰 횃불을 드는 자가 곧 태양이다. 그렇기 때문에 자칫하다간 몇 년씩 밤이 지속되는 경우도 있다.

특히 믿었던 태양이 갑작스레 몰락했을 때의 밤은 더욱 조심해야 한다. 그 밤은 아주 길어질 게 분명하기 때문이다.

통치의 기술

어떠한 국가나 조직이든, 비록 그 정치체계가 자유롭고 민주적인 절차로 운영되는 조직이라 할지라도 리더십은 강력할수록 좋다. 강력한 리더십만이 인간의 본성에 내재된 파괴적 충동을 억누를 수 있기 때문이다. 한 사회가 지속되려면 먼저 구성원들의 이 같은 본능부터 억제해야 한다. 인간은 자신에게 필요치 않다고 여겨지는 그 어떤 일도 자의적인 판단으로 수행하려고 하지 않는다. 이 또한 인간의 본성인데, 실상 조직이라는 것은 개인적인 욕망을 최우선하는 인간의 습성에 어울리지 않는 강제적 규범에 불과하다. 인간은 이 강제적 규범이 필요에 의해 생성됐다고 생각하지만, 그것은 오산이다.

모든 강제규범은 인간을 억압하기 위해 창조되었다. 그리고 내가 아닌, 다른 인간을 억압하는 것이 필요한 부류는 오직 리더뿐이다. 모든 사회조직의 구성원리는 '리더의 필요에 의해'라는 전제조건이 따라다닌다.

인간은 본능적으로 복종하기를 거부한다. 이 거부감을 제거하기 위해 리더는 규율을 만들어낸다. 국가와 사회마다 규율이 다른 까닭은 국가와 사회마다 제각기 다른 리더들이 통솔하고 있기 때문이다. 이 규율이 지속적으로 반복되는 환경에 인간이 노출되면 그 다음 발생하는 것이 습관이다. 인간의 정신세계가 규율에 익숙해지는 것이다. 익숙해졌다는 것은 잠재의식에 포함되었다는 것을 뜻한다. 그리고 인간의 잠재의식에 녹아든 규율은 인간을 수동적이고 복종적인 존재로 만든다.

이 세상에 죽음을 두려워하지 않는 인간은 없다. 그러나 리더의 말 한 마디로 인류는 무수한 전투를 치러왔다. 전쟁은 필연적으로 죽음을 낳는다. 모든 인간은 이 사실을 알고 있지만, 그 두려움을 극복하고 칼과 총을 잡는다. 이것은 인간의 본능에 반하는 행동이다. 그럼에도 불구하고 이런 행동이 가능한 까닭은 규율이 인간의 의식을 지배하기 때문이다.

리더란 규율을 만들어내는 자이다. 규율에 의지하지 않고서는 인간을 통솔하지 못한다. 그렇다면 리더십이란 무엇인가. 이 규율을 인간의 머릿속에 집어넣는 힘을 뜻한다.

역사를 살펴보건대 자유로운 정신을 강조하는 사회보다 규제받는 투사를 길러내는 데 적극적이었던 사회가 더 많은 영광과 승리를 거머쥐었다. 자기를 위해 죽을 수 있는 자보다 사회와 조직을 위해 목숨을 바칠 각오가 돼 있는 자들이 리더에겐 필요한 것이다.

그러기 위해선 리더의 권위가 절대적인 힘을 발휘해야 한다. 구성원들의 타고난 특성마저 무력화시킬 수 있는 강력한 리더십이 필요한 것이다.

그런데 인간의 운명이란 참으로 알다가도 모를 일이어서 뜻밖의 사건으로 리더십이 무너지는 경우가 종종 발생한다. 문제는 그때부터 시작이다. 광적인 군중심리를 억제해온 강력한 리더십이 소멸될 경우, 사회의 혼란은 극에 달한다. 가치관의 폭락은 주식 폭락보다 몇 백 배나 더 큰 위력으로 사회구성원들의 인생을 송두리째 뒤흔든다.

이 같은 집단의 공포는 사람의 힘으로는 막아내지 못한다. 밤이 가고 새벽이 올 때를 기다리듯이 새 시대의 리더십이 탄생할 때까지 기다려야 하는 것이다.

우리가 5장에서 살펴보고자 하는 리더십은 바로 이 새 시대의 리더십이다. 더 정확히 말해 뜨거운 태양이 물러가고 밤이 찾아왔을 때, 다음날 새벽을 꿈꾸는 자들이 갖춰야 할 리더십이다.

그러려면 먼저 뜨거운 태양이 필요하다. 역사적으로 시저만큼 뜨거운 생애를 살아간 인물은 없으므로 또 한 번 그의 시대를 살펴보기로 한다. 그러나 이번에는 살아있을 때의 시저가 아닌, 그가 죽은 다음날부터 일어난 사건들을 살펴보게 될 것이다.

파괴적 히스테리

시저라는, 한 시대를 아우른 절대권력이 그 빛을 잃었다. 꺼지지 않는 등불과도 같았던 로마에 칠흑 같은 어둠이 깔린 것이다. 시민들은 잠재되어 있던 폭력성을 유감없이 드러냈다.

밤은 인간에게 파괴적인 히스테리를 부추긴다. 이것은 일종의 테러리즘인데, 자의식과도 상당한 개연성을 가지고 있다. 예를 들어 어제까지만 해도 절대선이며, 절대권력으로 나의 생활을 보호해준 시저가 갑작스레 죽었다. 나는 시저의 죽음에 슬퍼했다. 그는 나의 머리이며, 나의 규율이었기 때문이다.

그러나 들리는 소문에 의하면 그는 왕이 되려했고, 그것은 로마가 수 백년 동안 지켜온 규율, 즉 공화정을 붕괴시키는 것이었다. 내 머릿속에 새겨진 공화정이라는 규율은 지난 십 수년 간 시저가 내 머릿속에 새겨 넣은 절대권력보다 더 강력한 규율이었다. 즉 나를 지배해온 시저의 규율이 실제로는 공화정이라는, 더 크고 위대한 규율을 소멸시키기 위해 존재했다는 것이 된다. 그리고 브루투스라는 인물이 시저를 죽인 것은 공화정의 규율을 지키기 위해서였다는 얘기였다. 그렇다면 이제 이야기는 달라진다. 시저는 잘 죽었고, 시저가 지배해온 과거의 삶은 비록 내가 살아온 시간이기는 하지만, 공화정이라는 나의 규율은 그것을 부정해야 한다고 가르친다.

하지만 이미 살아버린 시간을 어떻게 부정할 수 있을까. 혹시 나에게 그 시간을 강요한 자들을 응징하는 것으로 대리만족을 느끼게 되지는 않을까. ─이렇게 해서 로마인들은 시저가 죽은 후 그의 잔당들, 안토니우스를 중심으로 한 일파에 테러를 가했다. 로마는 무정부 상태가 되었다. 이것은 일종의 테러리즘인데, 테러리스트 중에는 이처럼 자기확신에 사로잡힌 인물들이 많다.

그런데 시저의 장례식이 있던 날, 로마인들은 또다른 파괴적 히스테리의 제물이 되고 만다. 시저의 시체가 조용히 땅속에 묻히는 걸 두고 볼 수 없던 로마인들은 시체를 내놓으라고 아우성이었다. 그때 안토니우스가 대중연설을 시작했다.

"친애하는 로마 시민, 그리고 동포 여러분, 내 말에 귀를 기울여 주십시오. 나는 카이사르를 찬양하기 위해서가 아니라 그의 시신을 장사지내기 위해 이 자리에 왔습니다.

사람들이 저지르는 죄악은 그들이 떠난 뒤에도 살아남아 있지만, 선행은 백골과 함께 묻혀 버리는 경우가 많습니다. 카이사르! 그도 또한 마찬가지라고 해도 과언은 아닐 것입니다.

고귀하신 브루투스는 방금 카이사르가 야심을 품었다고 말했습니다. 정말로 그렇다면 그것은 한탄스러운 잘못이었고, 그런 잘못으로 인해 비참하게 최후를 마친 카이사르 역시 인과응보였다고 말할 수밖에 없을 것입니다.

여기 현명하신 브루투스와 역시 현명한 사람들인 그 일파의 허락을 받아 나는 카이사르의 장례식에서 나왔습니다. 그는 나의 친구였고, 나에게 성실하고도 공정했습니다. 그러나 브루투스는 그가 야심가였다고 말하고 있습니다. 카이사르가 과연 어떠했습니까? 카이사르는 외적을 토벌할 때마다 수많은 포로들을 로마로 데려왔고, 그들의 몸값을 받아 이 나라의 국고를 가득 채웠습니다.

후계자의 두 가지 선택

그 과정에서 한푼도 자기 것으로 챙기지 않았습니다. 이것이 야심에서 우러난 행동입니까?

가난한 이들이 굶주림에 울부짖을 때, 카이사르는 그들과 함께 울었습니다. 이것이 야심입니까? 야심이란 이보다는 더 매정스럽지 않고서는 품을 수 없는 마음일 것입니다. 그런데도 브루투스는 그가 야심가였다고 말하고 있으니 참으로 현명하신 분이 아닐 수 없습니다.

여러분도 몸소 보셨으리라 생각합니다. 루페르칼리아 축제에서, 나 안토니우스가 세 번이나 왕관을 카이사르에게 바쳤습니다. 그러나 그는 세 번 모두 단호하게 거절했습니다. 이래도 카이사르에게 야심이 있었다고 하겠습니까? 그런데도 브루투스는 그가 야심가였다고 말하고 있으니 참으로 현명하신 분이 아닐 수 없습니다.

나는 브루투스의 연설을 반박하려는 게 아닙니다. 그저 내가 알고 있는 바를 말하고자 할 뿐입니다. 여러분은 한때 카이사르를 사랑했고, 그럴 만한 이유도 있었습니다. 그렇다면 무슨 이유로 여러분은 그를 위해 애도하지 못하게 되었습니까? 아, 정의의 신이여. 당신은 흉포한 야수에게로 도망쳐 버렸고, 사람들은 이성을 잃고 말았습니다. 용서하십시오. 내 심장이 저기 저 관 속에 있는 카이사르에게 가 버렸으니, 나에게 다시 돌아올 때까지는 나는 말을 이을 수가 없습니다.

어제까지만 하더라도 카이사르의 말은 전세계와 맞설 수 있었습니다. 그러나 지금 그는 저기 누워 있고, 이제 아무도 그를 경배하지 않습니다. 여러분, 내가 여러분의 가슴과 마음을 뒤흔들고 격분을 자아내어 폭동을 일으키려 한다면, 브루투스에게도 카시우스에게도 잘못을 저지르게 되는 것입니다. 여러분이 모두 알다시피 그들은 현명한 사람들입니다. 나는 그와 같은 현명한 사람들에게 덤비는 것보다는 차라리 죽은 자에게, 나 자신과 여러분에게 화살을 돌리겠습니다.

여기 카이사르의 도장이 찍힌 문장이 있습니다. 그의 밀실에서 찾아냈는데, 이것은 그의 유서입니다. 이 유언은 평민들만 들어 주십시오……. 아니, 죄송합니다. 읽지 않겠습니다. 그들은 숨진 카이사르를 찾아가 그의 상처에 입맞추려고 했고, 그의 거룩한 피를 손수건에 묻혔습니다. 그렇습니다. 그들은 기념으로 그의 머리카락 한 오라기를 달라고 간청했습니다. 세상을 떠날 때 자신들의 유서에 그 사실을 언급하고 후손들에게까지 귀중한 유산으로 물려주겠노라고 말입니다.

…… 참으십시오, 여러분. 이 유서를 읽어서는 안 됩니다. 카이사르가 여러분을 얼마나 사랑했던가를 알게 되면, 좋을 리가 없습니다. 여러분은 나무나 돌이 아니라 사람입니다. 그리고 사람인 까닭에 카이사르의 유언을 들으면, 여러분은 감정이 폭발하여 광란하게 될 것입니다. 여러분이 그의 상속자라는 사실을 알게 되면, 좋을 리가 없습니다. 여러분이 그것을 알게 되면, 어떤 사태가 벌어질지 두렵습니다…… 여러분, 좀 참아 주시겠습니까? 잠시만 기다려 주십시오. 여러분에게 유서 이야기를 한 것은 실수였습니다.

나는 비수로 카이사르를 찌른 저 현명하신 분들에게 폐를 끼치게 될까 두렵습니다.

…… 그러면 이 유서를 기어코 읽어 달라는 겁니까? 그렇다면 카이사르의 시신 주위에 둘러서십시오. 그러면 그 유언을 남긴 분을 여러분께 보여 드리겠습니다. 내가 내려갈까요? 허락해 주시겠습니까?

여러분에게 눈물이 있다면 지금 흘릴 차비를 하십시오. 여러분은 모두가 이 망토를 기억하고 있습니다. 보십시오. 이 자리로 카시우스의 비수가 뚫고 들어갔습니다. 이 옷이 어떻게 찢겨져 있는지 보십시오. 이곳으로는 카이사르의 따뜻한 사랑을 받은 브루투스가 비수를 꽂았습니다. 브루투스가 그 저주받은 칼날을 뽑자, 카이사르의 피가 이렇게 그 뒤를 좇아 흘러내린 자국을 보십시오. 그때 카이사르는 그처럼 무례하게 문을 두드린 자가 브루투스였는가를 확인하려고 밖으로 달려나가는 길이었습니다. 왜냐하면, 여러분도 알다시피 브루투스는 카이사르의 천사였기 때문입니다. 아, 신들이여, 카이사르가 그를 얼마나 지성스레 사랑했던가를 판가름하십시오. 이것이야말로 그 무엇보다 매정한 일격이었습니다. 고귀한 카이사르는 칼을 쥐고 덤비는 브루투스를 보자, 반역자들의 칼날보다도 더 무서운 배은망덕에 넋을 잃었고, 그의 튼튼한 심장은 터지고 말았습니다. 그리고 폼페이우스의 조각 밑둥까지 줄곧 피를 흘리던 그의 얼굴을 가린 망토 안에서 위대한 카이사르는 쓰러졌습니다. 아, 동포 여러분, 그 자리에 무엇이 쓰러졌겠습니까!

그때 나와 여러분, 우리 모두가 쓰러진 것입니다. 그리고 피비린내 나는 반역이 우리를 뒤덮었습니다.

여러분의 가슴속에 동정의 기운이 꿈틀거리기 시작했으니, 이제 우십시오. 그것은 자애로운 눈물입니다. 마음이 고운 영혼들이여, 여러분이 본 것은 우리 카이사르의 상처난 옷가지일 뿐인데도 울고 있습니다. 여기를 보십시오. 보다시피 반역자들이 난도질한 그의 시신이 있습니다.

착한 친구들, 마음씨 고운 친구들이여, 여러분을 선동하여 돌발적인 홍수와도 같은 폭동을 몰아와서야 되겠습니까! 이 짓을 한 그들은 현명한 사람들입니다. 그들은 고귀하고 명예로운 자들이기에, 여러분에게 이치를 따져 대항할 것이 틀림없습니다. 나는 여러분의 마음을 훔치기 위해 말한 것이 아닙니다. 나는 브루투스와 같은 웅변가가 아닙니다. 다만 여러분 모두가 알고 있는 바와 마찬가지로 친구를 사랑하는 평범한 인간입니다. 그들은 이 사실을 충분히 알고 있었기에, 내가 공개석상에서 카이사르에 대한 이야기를 할 수 있도록 허락해 준 것입니다. 나에게는 사람의 피를 끓게 할 기지도, 말도, 가치도, 행동도 없으며, 그러한 목소리도 언변도 없습니다. 나는 여러분 스스로 알고 있는 바를 말하고 있을 뿐입니다. 여러분에게 자애로운 카이사르의 상처를 보여 드리면서, 이 가엾고도 이 가엾은, 아무 말도 못하는 상처가 나 대신 말을 해줄 것을 간청하고 싶은 심정입니다. 그러나 내가 브루투스요, 브루투스가 안토니우스라면, 안토니우스는 여러분의 기개를 북돋우고 카이사르의 상처마다 혀를 달아, 로마의 돌마저 감동하여 일어나 폭동을 일으키게 할 것입니다.

여러분, 카이사르가 여러분의 사랑을 받을 만한 일이 무엇이었다고 생각하십니까? 아아, 여러분은 모르고 있습니다. 그러니 내가 말해 드리지요. 여러분은 카이사르의 유서를 잊어버렸습니다. 여기 카이사르의 도장이 찍힌 유서가 있습니다. 그는 로마 시민 한 사람 한 사람에게 75드라크마를 남겼습니다. 거기다 그분은 테베레 강 이쪽에 있는 자기의 산책로, 개인의 정자와 새로 심은 과수원을 모두 여러분에게 남겨 주었습니다. 여러분에게, 그리고 여러분의 후손들에게 영원히 남겨 주었습니다. 여러분이 밖으로 나가 산책을 하며 휴식할 수 있고, 또 그것은 여러분 모두의 기쁨이 될 것입니다.

여기 한 사람의 카이사르가 있었습니다. 언제 또 그러한 사람이 나오겠습니까?

(출처 : 셰익스피어의 안토니우스 연설-네이버 지식 iN)

그 유언장으로 로마의 역사는 또 한 번 소용돌이쳤다. 광분한 시민들은 어제까지만 해도, 아니, 오늘 아침까지만 해도 독재자의 손에서 로마를 구원했다고 칭송했던 브루투스 일파에게 달려들어 무자비한 테러를 가했다. 그들의 친척과 친구들을 마구잡이로 살해했고, 그들의 사유재산에 불을 질렀다. 당황한 브루투스 일파는 로마를 떠났고, 로마의 권력은 시저의 충복인 안토니우스의 손으로 넘어왔다.

이 사건은 규율에 사로잡힌 대중심리의 파괴적 히스테리를 다시 한 번 확인시켜준 사례이다. 시저에 의해 공화정의 정치체계라는 익숙한 규율의 위기를 느낀 로마인들은 시저의 잔당들에게 무차별적인 폭력을 가했고, 이번에는 다시 늙은 노인을, 단지 정치적으로 갈등 때문에 난도질해 죽인 것을 보고는 공화정보다 더 오랫동안 로마인들의 잠재의식을 지배해온 양심에 위협을 느꼈던 것이다.

지배체계의 갑작스런 몰락은 조직 구성원들에게 가치관의 혼란을 준다는 점에서 매우 위험한 변화이다. 그러나 리더로서의 야망을 품고 있는 자들에겐 이보다 더 좋은 기회는 없다. 리더십의 공백이라는 명분과 리더로서의 권력이라는 실리가 동시에 주어지기 때문이다.

사자와 여우

시저가 제거된 후 로마의 권력은 둘로 양분되는데, 그 주인공은 브루투스와 안토니우스였다. 브루투스는 직접적으로 시저를 살해한 인물이고, 안토니우스는 시저의 2인자로서 그의 공백을 대신할만한 대안으로 떠오른 인물이었다.

어쨌든 시저 사후, 그가 누렸던 권력은 이들 두 사람에게 전해졌으므로 브루투스와 안토니우스는 시저의 후계자라고 표현해도 무방할 것이다.

그러나 브루투스와 안토니우스는 전혀 다른 길을 걸었다. 그것이 우리가 이들 두 사람을 비교하는 가장 큰 이유이다. 브루투스와 안토니우스는 원래 시저의 신임을 한 몸에 받던 인물들이었다. 브루투스는 시저의 정치적 계승자였고, 안토니우스는 군사적 계승자였다. 다시 말해 시저의 오른팔과 왼팔이었던 자들이다. 그런데 브루투스는 정치적 아버지인 시저를 살해하는 극단적인 길을 걸었고, 안토니우스는 시저가 죽은 후 명목상으로나마 그의 후계자라는 공증을 원했다.

이처럼 서로 다른 후계자들의 선택이 각자의 인생은 물론이고, 로마와 인류의 역사까지 뒤바꿔놓았다.

시저를 살해한 브루투스는 사자의 길을 걸었다고 볼 수 있다. 숫사자는 무리로부터 독립한 후 자기만의 영역을 찾아 방황하는데, 새로운 영역을 개척하기보다는 다른 숫사자의 영역을 침범하는 것으로 자기의 욕망을 채운다. 이런 점에서 브루투스는 사자로 비유할 수 있다.

그러나 브루투스는 사자와 같은 잔인성과 대범함이 결여된 인물이었다. 그는 철학을 전공한 학자풍의 인물이었다. 현실보다는 이상을 중요시했고, 무력보다는 정치를 신봉했다. 그런 브루투스가 자의든, 타의든 몸에 맞지 않는 숫사자 역할을 수행했다는 점에서 그의 비참한 말로가 이해된다. 야생의 젊은 숫사자는 기존의 늙은 숫사자를 물리친 후 그가 남긴 자취들을 지우는 데 혈안이 된다. 그러나 브루투스는 시저를 살해한 후 권력의 공백을 메우는 데 실패했다. 필연적으로 브루투스는 시저의 권력을 쟁취했어야 한다. 그것이 설령 아버지 같은 시저를 죽였다는 죄책감으로 괴로울지라도 그에게 진정 사자와 같은 리더십이 있었다면 무슨 일이 있더라도 그 권력을 낭비하지 않았을 것이다.

안타깝게도 브루투스는 사자와 같은 야성미가 없었다. 마치 어울리지 않는 사자탈을 쓰고 사자흉내를 낸 것에 지나지 않았던 셈이다. 그것이 자신의 인생과 로마에 얼마나 큰 불행을 가져오게 될지 본능적으로 직감하지 못했다는 점에서 브루투스에겐 어둠을 헤치고 나갈 능력이 없었다고 판단된다.

브루투스가 사자의 길을 걸었다면, 안토니우스는 여우의 길을 걸었다. 호랑이가 죽으면 여우가 숲의 주인이 된다는 말이 있다. 안토니우스가 바로 그런 경우였다. 시저의 막후에서 안토니우스는 브루투스의 다음이었다. 그러나 뜻밖의 호재를 만난 안토니우스는 시저를 거부한 브루투스와 달리, 시저의 후광을 적극적으로 이용하는 전략으로 브루투스와 대등한 권력을 손에 넣었다.

야생의 여우는 새로운 영역개척에 뛰어난 능력을 발휘한다. 여우의 장점은 다른 여우들과 영역이 뒤섞이지 않도록 균형을 잘 잡는 데 있다. 훗날 안토니우스는 브루투스와 시저의 양아들인 옥타비아누스 사이에서 균형자 역할을 하면서 로마의 가장 큰 정치세력이 되기도 했다. 그가 만약 갈등의 중심에서 균형자 역할만 수행했더라면 로마의 1인자가 되지는 못할망정 클레오파트라의 품에서 허무하게 죽지는 않았을 것이다.

여우의 길은 많은 것을 욕심 내지 않는 대신, 가진 능력보다 더 큰 실권을 장악하는 것이 목적이다. 하지만 안토니우스에겐 여우처럼 냉정한 판단력이 없었다. 그는 오히려 사자와 같은 인물이었다. 기존의 권력을 전복시키고, 파괴하고, 잔인하게 권력을 휘두르는 것이 더 어울리는 성품이었다.

그러나 브루투스와 마찬가지로 환경은 그를 여우로 만들었다. 리더십에서 인격적인 자질과 더불어 환경이 얼마나 중요한 부분인가를 새삼 깨닫게 해주는 대목이다.

이 둘을 비교하건대, 브루투스라는 여우에게 사자의 턱이 주어졌고, 안토니우스라는 사자에게 여우의 굴이 주어졌다고 해야 할 것이다. 운명이 그들에게 어울리는 길만 제시하였다면 로마의 역사는 분명 달라졌을 것이다.

무엇보다 한 인간의 생애가 달라졌을 것이다. 브루투스는 자살로서 생을 마감하지 않았을 테고, 안토니우스가 여인의 치맛자락에 안겨 숨을 거두는 비극은 벌어지지 않았을지도 모른다.

고뇌형 리더

리더십에 대해 논할 때, 많은 사람들이 인격과 리더십의 가치를 오해하는 경우가 적지 않다. 인격적으로나, 윤리적으로 뛰어난 인물이 그만큼 훌륭한 리더십을 발휘하지 않을까, 라는 기대감이다. 덕으로서 사람을 감화시키고, 복종을 끌어낼 수 있다면 그보다 더 뛰어난 리더십은 없겠지만, 아쉽게도 인간의 본성은 파괴적이다. 파괴적인 본성을 억제하여 생상적인 향상을 도모하려면 더 큰 폭력으로 작은 폭력을 제압하는 길밖에 없다.

만약 덕으로서 사람을 다스리는 것이 가능하다면 마르쿠스 브루투스만큼 완벽한 준비를 갖춘 인물도 드물 것으로 생각된다. 그 시대의 로마인들은 마리우스, 술라, 시저로 이어지는 독재자들의 출현으로 인해 도덕은 땅에 떨어졌고, 정신적인 나태함은 방종을 넘어 위험수준에 도달한 상태였다. 정치는 돈으로 결정되었고, 군대는 용병이나 다름없었다.

그런 시대적 환경에도 불구하고 선천적으로 진실하고 온유한 성질을 타고난 브루투스는 시대와 타협하는 대신 수양과 철학을 연마하여 자기의 가치를 높여나갔다. 어느 시대나 희소성은 민중에게 새로운 희망이 되곤 하는데, 평화로운 시대의 폭력과 폭력적인 시대의 자비로움이 그것이다. 어쩌면 브루투스야말로 한 개인의 인격적인 조화가 가장 높게 평가받는 시대에 태어난 것인지도 모르겠다.

브루투스의 성격은 한마디로 고뇌형이었다. 그는 생각이 깊었지만, 실천이 더뎠고, 실천할 때와 생각할 때를 잘 구별해내지 못했다. 브루투스는 사상의 신봉자였기 때문에 현실을 사상에 맞추고 싶어했다.

고뇌형 인간은 이상주의자로 변모되는 수가 많은데, 브루투스 또한 공화정을 가장 완벽한 정치체계로 보았다. 그 이상을 지키기 위해서라면 자기 목숨 따위는 얼마든지 희생할 수 있다고 각오했지만, 때론 생각이 사람을 바보로 만드는 경우도 있어 브루투스는 일생의 짐이 될만한 큰 오판을 하게 된다.

브루투스의 정치인생은 학자적 성과로부터 시작되었다. 젊은 나이에 브루투스는 그리스 문화에 정통한 인문학의 대가로 인정받았다. 그 당시 정치인들과 달리 학문도 뛰어나고, 성품도 온화한 브루투스는 옛 전설에 등장하는 현인들과 같은 모습으로 로마인들의 머릿속에 각인 되었다. 그 무렵, 로마는 폼페이우스와 시저가 양분하고 있었는데, 시대가 시대인 만큼 정치인뿐 아니라 모든 로마인은 둘 중 한 편에 가담해야만 생명을 부지할 수 있었다. 시저와 폼페이우스는 둘 다 갓 정계에 발을 들여놓은 브루투스에게 상당한 호감을 갖고 있었다. 그럴 수밖에 없는 것이 브루투스처럼 청렴하고, 인격적으로 성숙한 젊은 정치인의 지지를 받는다는 것은 그 집단의 윤리적 양심이 적대세력보다 월등하다는 것을 보여주는 증거가 되기 때문이었다.

대다수의 로마인들은 브루투스가 시저에게 가담할 것이라고 생각했다. 왜냐하면 브루투스의 부친은 얼마 전에 폼페이우스에게 사형 당했기 때문이다. 그리고 들리는 소문에 의하면 브루투스의 어머니인 세르빌리아와 시저는 젊은 시절 열렬하게 사랑하는 사이였는데, 헤어진 후 얼마 안 되어 세르빌리아가 브루투스를 낳았다는 것이다. 이 때문에 시저는 브루투스가 태어났을 때부터 자기 아들일지도 모른다는 생각을 갖고 있었다.

그러나 모두의 예상을 뒤엎고 브루투스는 폼페이우스에게 몸을 의탁했다. 브루투스는 플라톤 철학의 신봉자였고, 조상인 주니우스 브루투스(Junius Brutus)가 그 옛날 로마의 왕통을 끊어놓은 업적을 가장 자랑스러워했다. 그는 철학을 공부한 자신이 사적인 감정에 휘말려 대세를 놓쳐서는 안 된다고 판단했다. 정치인이라면 당연히 의를 좇는 것이 더 합리적이고, 사람들 앞에서도 떳떳하다고 여긴 것이다. 하지만 폼페이우스를 만나도 일체 말은 하지 않았다. 아버지를 죽인 원수와 입을 맞추는 건 큰 죄악이라고 생각했기 때문이다. 고뇌형 인간의 모순이 바로 여기에 있다.

머리와 마음이 따로 노는 고뇌형 리더

브루투스는 폼페이우스가 귀족이며, 로마의 공화정에 대한 이해가 시저보다 훌륭하다는 판단 하에 그에게 몸을 의지했다. 하지만 폼페이우스에겐 개인적인 원한이 있었다. 그것은 아버지를 죽인 원수라는 점이다. 이 두 가지 사안은 도저히 양립할 수 없는 중대한 문제였지만, 브루투스는 고결한 덕을 내세워 사를 억누르려고 했다.

그러나 결과적으로는 사적인 감정도 해결하지 못하고, 공적으로도 폼페이우스를 위해 아무런 업적도 남긴 것이 없으니, 표면상의 위신만 중요하게 생각했다는 비판을 면할 수 없게 되었다.

고뇌형 인간의 특징은 머리와 마음이 따로 논다는 점이다. 폼페이우스에게 몸을 의지한 브루투스는 아버지를 떠올리며 그를 죽이고 싶은 충동에 시달렸으나, 막상 시저와 전쟁이 벌어지자 시실리에서 마케도니아까지 폼페이우스와 함께 했다. 전쟁에 익숙하지 않은 브루투스가 폼페이우스의 군대를 따라다닐 이유는 없었다. 진정으로 폼페이우스를 생각하는 마음이 있었다면 차라리 로마에 남아 어지러운 민심을 다잡고, 백성들에게 희망을 안겨주려는 노력이 더 적합한 행동이었을 것이다.

하지만 브루투스는 단지 세상 사람들이 자기와 폼페이우스의 관계를 의심할지 모른다는 이유만으로, 폼페이우스와 단 한마디도 하지 않으면서 그를 쫓아다녔다.

폼페이우스를 곁에서 지켜본 브루투스는 수많은 개선식으로 로마에 영광을 안겨준 이 늙은 대장군이 정치적으로는 거의 무지하다는 것을 깨닫게 되었다. 폼페이우스의 정치철학은 아주 단순했다. 그는 공화정이 정확히 뭘 뜻하는지도 생각해본 적이 없는 사람이었다. 다만 귀족가문으로서 그에 합당한 지위를 원했던 것뿐이었다.

폼페이우스 일파 중 폼페이우스에겐 더 이상 희망이 없다고 생각한 첫 번째 인물은 아마도 브루투스였을 것이다. 브루투스에겐 시대를 읽는 눈이 탁월했으나, 그 시대를 위해 뭔가 할 수 있는 의지와 실천이 부족했다. 브루투스의 시대는 변혁의 시대였다. 하지만 브루투스는 변화보다 기존질서를 유지하는 데에 보다 적합한 인물이었다.

폼페이우스가 시저와의 큰 전투에서 연일 패배하자, 브루투스는 자기의 생명도 언제 어떻게 될지 모른다는 생각으로 두려워했다. 그때 친우 한 명이 찾아와 이야기하기를 시저가 브루투스를 아끼는 것은 세상이 다 안다, 폼페이우스를 버리고 그에게 가는 건 어떠냐고 제안했다.

실은 브루투스도 늙은 겁쟁이에 불과한 폼페이우스를 떠나 시저에게 몸을 맡기고 싶어했다. 브루투스를 원하는 시저의 마음도 여전했다. 그는 병사들에게 직접 명령을 내려 폼페이우스 일파는 누구를 막론하고 죽여도 좋지만, 브루투스만은 살려주라고 지시했다. 만일 브루투스가 항복하면 자기에게 안내하고, 끝까지 저항하면 구태여 사로잡을 것 없이 도망가게 내버려두라는 명령도 내렸다.

폼페이우스가 군대를 버리고 이집트로 도주하자, 브루투스는 시저에게 편지를 보내 자기가 무사하다는 소식을 알렸다. 처음부터 폼페이우스와는 맞지 않았지만, 공을 위해 그를 택했던 만큼, 이제는 그에게 의지할 이유가 없어졌다고 판단했다.

세상 사람들의 평가가 은근히 걱정되기도 했으나, 로마는 시저에게 함락되었고, 시저 밑에서도 로마의 공화정을 위해 자기가 해야 할 몫이 있다고 생각했다. 폼페이우스를 버리고 시저에게 달려가 목숨을 부지하는 것은 사적인 일이며, 전제자의 기질이 다분한 시저를 도와 공화정을 보호하는 것은 공적인 업무라는 이분법적 사고가 또 한 번 브루투스의 마음을 움직였다.

폼페이우스에게 몸을 의탁할 때는 머리만 보내고 마음은 보내지 않더니, 다시 시저를 모실 때는 마음만 보내고 머리는 보내지 않게 된 것이다.

정직한 마음과 거짓된 입술

브루투스의 편지를 받은 시저는 폼페이우스로부터 승리한 것보다 브루투스를 얻은 것이 더 기쁘다는 말로 그를 초대했다. 시저는 브루투스의 지난 과오를 모두 용서하고, 자기의 측근들 중 가장 높은 대우를 약속했다. 그러나 브루투스는 시저에게 용서받을 짓은 하지 않았으며, 시저 개인의 대우보다 로마인의 마음에서 우러나오는 대우를 받고 싶다는 말로 시저를 감동시켰다.

시저는 폼페이우스를 놓친 후 그가 숨은 곳을 찾기 위해 혈안이 되어 있었는데, 브루투스가 이집트로 도주했다는 것을 알려주었다. 이때도 브루투스는 자신에게 유리한 이분법적 고뇌를 이용했다. 한때 주인으로 섬겼던 폼페이우스를 시저에게 고해바치는 것은 공적으로나, 사적으로나 비난받아 마땅한 일이다. 그러나 폼페이우스든, 시저든 상대방에게 죽지 않고서는 이 오랜 내전을 끝낼 수가 없다. 내전이 끝나지 않는 한, 로마에 평화는 찾아오지 않는다. 폼페이우스를 밀고하는 것은 개인적인 비난으로 그칠 일이지만, 로마의 평화는 전체를 위한 길이다. 전체를 위해서라면 개인에게 쏟아지는 비난은 오히려 영광스러운 결과다. 브루투스는 이런 식으로 폼페이우스가 숨어있는 곳을 알려주고 법정관의 지위를 약속 받은 자신의 행동을 합리화시켰다.

그러나 시저가 이집트에 도착했을 때 폼페이우스는 이미 살해된 뒤였다. 시저는 폼페이우스의 시체와 그 잔당들을 사로잡아 로마로 데려왔다. 그 중에는 브루투스의 친척이자, 친구인 카씨우스도 있었다.

브루투스는 자신의 밀고로 한때 동지였던 많은 사람들이 죽어 나가게 생기자, 미안한 마음이 들었는지 시저에게 사정해 카씨우스만은 풀어달라고 청했다. 브루투스의 요청이라면 무엇이든 들어줄 준비가 되어 있던 시저는 카씨우스를 석방하고, 그를 측근으로 기용하기까지 했다.

카씨우스는 브루투스와 마찬가지로 철학적인 인물이었다. 브루투스와 비교하자면 공과 사를 번갈아 이용하며, 자신의 행동을 변호하기에 급급한 브루투스보다 훨씬 더 분별 있게 행동했고, 정치적인 견해에서도 이상주의에 가까운 브루투스와 달리 현실적인 정책과 이념을 조화롭게 융합시킬 수 있는 능력을 갖고 있었다.

카씨우스와 브루투스의 가장 큰 차이점은 바로 정직이었다. 브루투스는 정직한 인물이었다. 그가 폼페이우스와 시저 사이에서 갈등하고, 동지들을 밀고하고, 시저에게 목숨을 부지했음에도 민중의 지탄을 받지 않은 것은 그가 매사에 정직했기 때문이다. 반면에 카씨우스는 뛰어난 능력에도 불구하고 사람이 진실하지 못하다는 단점이 있었다. 그래서 폼페이우스를 위해 여러모로 도움을 줬음에도 브루투스만큼 신임을 얻지 못했고, 정책적인 능력에서 브루투스를 압도하는 모습을 보여줬음에도 시저에게 대접을 받지 못했다.

이런 자와 친구라는 것이 브루투스에겐 가장 안타까운 일이었다. 카씨우스는 재능으로 브루투스보다 앞섰고, 거짓으로 브루투스를 속였기 때문이다.

브루투스와 카씨우스는 시저의 배려로 법정관이 되었다. 브루투스는 인망으로, 카씨우스는 법적인 판결로 주목을 받았다. 두 사람은 모두 수석 법정관이 목표였다. 사람들은 브루투스가 아니면 카씨우스가 될 것으로 예상했다. 만일 브루투스가 된다면 일반 시민들이 기뻐할 것이고, 카씨우스가 된다면 제몫을 다하지 못했던 법이 새로운 힘을 얻게 될 것이라는 평가가 많았다. 시저는 카씨우스가 정책적으로 더 적합하지만, 브루투스를 아끼는 마음에서, 혹은 진실하지 못한 카씨우스의 성격이 못미더워서 그랬는지, 브루투스에게 수석 법정관 자리를 맡겼다. 그 대신 카씨우스에겐 다른 고위직을 내렸다.

그러나 카씨우스는 수석 법정관 자리를 놓고, 자기보다 떨어진다고 생각했던 브루투스에게 밀린 것이 분해서 시저의 배려를 달갑게 생각하지 않았다. 이때부터 카씨우스는 시저에 대해 원한을 품게 되었다. 이것은 분명 사적인 감정에서 유발된 원한이었다. 하지만 카씨우스는 이를 숨기고, 공을 위해서는 시저가 사라져야 한다고 공공연히 주장하게 되었다. 그는 시저에게 받은 만큼 돌려주고 싶었다. 브루투스를 끌어들이기로 마음먹은 것이다.

브루투스와 카씨우스는 원래 사이가 좋은 편은 아니었다. 정치적 견해나, 이상에서는 서로 비슷했지만, 브루투스는 카씨우스를 믿지 못했고, 카씨우스는 브루투스를 시기했다.

그러나 시저를 암살하기로 작정한 카씨우스에겐 브루투스가 필요했다. 그는 이런 속내를 감추고 브루투스에게 접근했다. 이 무렵엔 시저의 군대에서 2인자로 불렸던 안토니우스도 정변을 꾸미고 있었다.

행동하는 인간

인간에겐 생각하는 힘이 필요하다. 그러나 현실에서의 결과를 놓고 볼 때, 중요한 순간마다 한쪽이 생각하고 계획하는 동안, 다른 쪽에선 행동을 전개한다. 그 경우 행동하는 자들에 의해 세상이 너무나 쉽게 바뀌는 것을 목격하게 된다. 인간은 먼저 생각하는 자와 먼저 행동하는 자로 나뉘어지는데, 결과는 실천에 의해 좌우되므로 시대가 혼탁하고 위기일수록 생각하는 힘보다 실천하는 힘이 더 우위에 있는 경우가 많다.

시저가 암살된 후 로마의 세력을 양분했던 브루투스와 안토니우스를 비교할 때, 브루투스가 고뇌하는 인간이라면, 안토니우스는 행동하는 인간이었다. 이 같은 차이에서 후계자의 판도가 뒤바뀌었고, 로마의 운명도 달라졌다.

안토니우스의 조부는 술라파에 가담했다가 훗날 마리우스에게 살해된 유명한 웅변가였다. 안토니우스의 아버지는 정치적으로는 성공하지 못했지만, 예의가 바르고 단정한 사람이었다. 어머니의 이름은 줄리아(Julia)로 시저와 친척이었다. 아버지가 일찍 돌아가셨기 때문에 안토니우스는 이 어머니의 손에서 자랐다. 그러다가 어머니는 렌툴루스라는 사람과 재혼했는데, 이 사람은 사회에 물의를 일으켜 사형에 처해졌다. 이 사건이 어린 안토니우스의 삶에 큰 영향을 끼쳤다. 어린 시절 가까운 사람의 죽음을 목격한 소년은, 그것도 사형이라는 국가권력에 의한 살해장면을 목격한 소년은 기존질서에 반항하는 마음을 갖기 마련이다. 안토니우스의 삶은 기존관습과의 싸움이었다.

안토니우스는 풍채가 좋은 미남자였다. 그러나 안타깝게도 그의 심성은 부친과 조부를 닮지 않고, 사형 당한 계부와 닮아있었다. 계부의 죽음에 반감을 품고 있던 어린 안토니우스는 매사에 그를 흉내냈고, 처음엔 단순한 흉내에 불과했던 장난이 차차 습관으로 자리잡아 놀기 좋아하고, 비양심적으로 행동하고, 폭력적인 성품으로 그를 키워낸 것이다.

젊은 시절 안토니우스가 사귄 친구들도 하나같이 그와 비슷했다. 편모 슬하에서 자란 탓에 마음이 여리고, 정에 굶주린 안토니우스는 또래의 귀족청년보다는 뒷골목 왈패들과 성격적으로 더 잘 어울렸다. 안토니우스의 친구 중엔 쿠리오(Curio)라는 인물이 있었는데, 쿠리오는 로마에서 제일 악질로 불리는 사나이였다. 극도로 타락해서 온갖 범죄에 손을 대었다. 그는 안토니우스가 범상치 않은 인물이라는 것을 깨닫고, 그와의 친분을 유지하기 위해 안토니우스에게 주색을 가르쳤다. 이때부터 안토니우스는 심한 낭비벽에 물들었는데, 사채도 마구 끌어다 썼다. 그때마다 쿠리오가 보증을 서줬고, 둘은 얼마 못 가 로마의 의식 있는 시민들이 기피하는 젊은 폭군들로 불리게 되었다.

안토니우스는 성장배경에 영향을 받았기 때문인지 타고난 본성을 살리기보다는 주위 사람들의 영향을 많이 받았다. 조부와 부친의 삶을 살펴봤을 때 안토니우스의 피에도 브루투스 못지 않은 윤리적 의식과 양심이라는 것이 있을 텐데, 그의 인생은 정반대로 진행되었다.

세월은 가장 큰 적이다

현숙한 어머니에게 가르침을 받던 유년시절에는 신동으로도 불렸으나, 계부를 만난 뒤로 파괴적인 인물이 되었고, 나쁜 친구들을 사귀면서 극도로 타락해졌다. 안토니우스는 이처럼 늘 자기의 의사보다는 주변 사람들에게 쉽게 동화되었다. 이런 성격은 그에게 장점인 동시에 단점이었다. 시저처럼 위대한 인물을 따를 때는 용감한 군인이었고, 쿠리오 같은 악질과 다닐 때는 남창에 가까웠다. 그리고 브루투스와 다툴 때는 로마를 곧 평정할 것처럼 위세가 대단했고, 클레오파트라를 만난 후론 그녀의 노리개가 되었다.

안토니우스처럼 인생을 살면서 끊임없이 자기자신을 변모시킨 인물도 드물 것이다. 그가 인생의 절정에 달했을 때 사람들은 그를 로마의 황제라고 불렀고, 그가 인생의 추락을 맛보고 있을 때 사람들은 그를 로마의 사생아라고 불렀다.

안토니우스의 인생이 매순간 극과 극을 동시에 맛본 까닭은 그에게 생각이 결여되어 있었기 때문이다. 그는 인생에 생각이 필요하다는 것을 거의 잊고 살았다. 마치 생각하지 않아야만 살아남을 수 있다는 신앙을 가진 사람처럼 중요한 순간마다 시대의 조류에 몸을 맡겼다. 그 조류가 잔잔한 해풍일 때는 안토니우스도 안락하게 지냈고, 거칠고 빠른 파도일 때는 하루아침에 로마의 최고권력자가 되었다. 그리고 매섭게 휘몰아치는 폭풍과 맞닥뜨렸을 때는 힘 한 번 써보지 못하고 허무하게 가라앉는 비극의 주인공을 연기해야만 했다.

안토니우스는 언제나 기다리지 않고 남보다 먼저 행동했다. 그것이 안토니우스에게 기대할 수 있는 유일한 힘이었고, 또한 그를 파멸로 인도하는 약점이었다.

한동안 안토니우스는 클로디우스(Clodius)의 도당에 가담한 적도 있었는데, 이 클로디우스는 로마의 가장 극악무도한 정치깡패였다. 클로디우스의 정치적 재능은 불법과 부정을 행하는 곳에서 그 힘을 발휘했고, 곁에는 항상 안토니우스가 있었다. 그러나 얼마 못 가 안토니우스는 그들의 광란에 염증을 느낀 데다가 이들을 소탕하려는 세력이 만만치 않다는 것을 직감하고 이탈리아를 떠나 그리스로 도주한다.

안토니우스가 쿠리오나 클로디우스 같은 자들과 어울린 것은 그의 성격이 방종하고, 나태하다는 점과도 어느 부분에서는 인과관계를 찾아볼 수 있지만, 가장 큰 원인으로 작용한 것은 역시 그의 시대였다. 그의 시대에 안토니우스 같은 가진 것 없는 귀족청년이 호구를 위해 선택할 수 있는 일은 부자들의 비서가 되거나, 정치깡패가 되는 길밖에 없었던 것이다.

그런 상황에서 이탈리아를 떠난 것은 안토니우스를 위해 다행한 일이었다. 그리스는 로마만큼 부패해있지는 않았다. 그리스의 청년들은 대부분 군사훈련과 웅변기술을 연마하는 데 열심이었다. 그리스의 웅변술은 장황한 몸동작과 허식으로 안토니우스를 단번에 사로잡았다. 로마인들의 이성적인 웅변술보다 감정에 호소하는 그리스의 웅변술은 안토니우스의 성격과도 잘 들어맞았다.

리더는 스스로 운명을 결정해야 한다

클로디우스 문제가 사람들 머릿속에서 잊혀질 무렵, 안토니우스는 그리스의 웅변술로 무장하고 다시 로마로 귀환했다. 이때 그는 한 가지 목표를 세웠는데, 정치가로서 누구도 무시 못할 세력가가 되려는 목표였다. 로마에 도착한 안토니우스는 자신이 헤라클레스의 아들인 안톤의 후예라는 소문을 퍼뜨리고, 남보다 뛰어난 인물과 풍채를 밑천 삼아 정치력을 키우기 시작했다. 그는 사람들의 주목을 끌기 위해 색다른 패션을 선보였는데, 소매가 없는 웃옷과 허벅지를 그대로 드러내는 짧은 바지, 그리고 어깨에 걸치는 길다란 망토였다. 마치 헤라클레스를 연상시키는 그의 모습에 로마의 젊은 청년들과 귀부인들은 금새 매료되었다.

안토니우스나, 브루투스의 야망은 세상을 뒤집어놓을 만큼 원대하지 않았다는 공통점이 있다. 브루투스는 로마의 1인자를 한 번도 꿈꿔본 적이 없다. 그는 운명은 스스로 결정할 뿐이라고 생각했는데, 그가 선택한 운명은 로마의 법과 도덕을 지키는 것이었다. 하지만 로마의 법과 도덕을 지키겠다는 그 결정이 브루투스에게 원치 않은 운명을 안겨다주었다. 반대로 안토니우스는 운명은 결정된 것이며, 그대로 따를 뿐이라고 생각했다. 그는 인격적으로든, 능력으로든 로마의 1인자가 될 운명은 아니었다고 본다. 하지만 안토니우스는 좋은 시절과 기회를 만난 덕분에 예상보다 훨씬 뛰어난 운명의 수혜자가 되었다.

안토니우스가 세력을 모으기 위해 사용한 방법은 그 시대의 부패한 정치인들조차 조롱할 만큼 치졸한 수단이었다. 그는 남의 연애를 돕는 방법으로 사람들의 환심을 샀다. 돈도 없고, 신분적으로도 내세울 것 없는 한 청년이 자기의 과거를 기억하고 있는 사람들의 마음을 얻겠다는 일념으로 비굴한 짓도 마다하지 않은 것이다. 안토니우스는 상대를 가리지 않고 자기에게 무슨 부탁을 해오든 모두 들어주었다. 그는 사람들 앞에서는 항상 웃는 낯으로 돌아다녔고, 어쩌다 한 번씩 대중집회에 참가할 기회가 생기면 다른 연사들처럼 시저나 폼페이우스에 대해서는 일체 거론하지 않았다. 연애문제에 밝고, 처음 만나는 사람의 부탁을 들어주기 위해 수고를 마다하지 않으며, 시저와 폼페이우스의 세력권 다툼에는 관심도 보이지 않은 안토니우스에 대한 로마인들의 평가는 과거의 난봉꾼 이미지에서 벗어나, 중립적이며 사교적인 로마인의 전형이라고까지 생각하게 되었다.

재수가 좋은 것도 능력이다

　로마가 양대 세력으로 갈라지면서 귀족파는 로마의 폼페이우스를 지지했고, 평민파는 고울에 주둔 중인 시저를 원하고 있었다. 이제 안토니우스에게도 선택할 때가 온 것이다. 안토니우스는 어쨌든 명색이 귀족을 자처해왔으므로 폼페이우스에게 마음이 쏠리고 있었다. 그러나 폼페이우스는 안토니우스를 하찮은 망나니쯤으로 생각했다. 이때 철없던 시절에 함께 향락을 즐기던 쿠리오가 안토니우스를 찾아왔다. 쿠리오는 평민이었기 때문에 시저를 지지하는 일파였다. 안토니우스의 성격을 누구보다 잘 꿰뚫고 있던 쿠리오는 폼페이우스처럼 신분을 강조하는 꽉 막힌 인물보다는 시저처럼 변화를 원하는 인물을 주인으로 섬겨야 한다고 믿었다. 쿠리오가 시저에게 안토니우스를 소개하자, 시저도 처음엔 시큰둥했다. 안토니우스에 대한 세간의 평가가 워낙 저질이어서 자칫했다간 자기에게도 좋지 않은 영향을 미칠지도 모른다고 생각했던 것이다. 하지만 로마를 떠난 상황을 감안한다면 누군가 폼페이우스와 맞서 사람들의 이목을 집중시키고, 새로운 변화의 바람을 일으키는 데 앞장설 적임자가 필요했던 것도 사실이었다. 그래서 시저는 안토니우스를 받아들였다. 시저는 안토니우스야말로 폼페이우스와의 전쟁에 불꽃을 당겨줄 도화선으로 여긴 것이다. 그때까지만 해도 시저의 머릿속에 안토니우스라는 이름은 도화선에 불과했다.

그러나 안토니우스에 대한 시저의 생각은 곧 변하게 된다. 막상 폼페이우스와 전쟁이 벌어지자 시저군에서 가장 큰 명성을 떨친 장수는 다름 아닌 안토니우스였다. 안토니우스는 폭력을 저지를 때만은 상당히 교묘했는데, 그 같은 교묘함이 전쟁터에서는 위대한 전술로 칭송 받았다.

폼페이우스를 정복하는 데 많은 공을 세운 안토니우스는 잠깐 쓰고 버린다는 시저의 계획에 변화를 주었다. 시저는 안토니우스를 가리켜 능력 이상의 재능을 보여주는 인물로 정의했다. 많은 사람들이 안토니우스의 성공은 개인적인 능력보다 운이 좋았기 때문에 가능했다는 평가를 내렸는데, 시저는 운을 쟁취하는 것도 능력이라고 생각했는지, 안토니우스에게 2인자의 자리를 내주었다.

이렇게 해서 안토니우스는 시저의 철권통치가 시작된 로마에서 브루투스와 더불어 시저의 총애를 한 몸에 받는 2인자가 된 것이다.

선택의 폭 - 브루투스

지금까지 브루투스와 안토니우스가 2인자의 위치에 오르게 된 과정을 살펴보았다. 브루투스는 시저의 오랜 구애 끝에 영입된 외부인사였고, 안토니우스는 미천한 직위에서 출발해 자주적으로 조직의 신임을 이끌어낸 내부인사였다.

겉으로 보기에 둘은 2인자로서 서로를 견제하지 않았다. 이는 속사정에서도 마찬가지였다. 브루투스는 카씨우스 같은 외부인사들의 리더로서 시저의 정치적 후원을 등에 업고 있었다. 이에 반해 안토니우스는 시저가 고울전쟁에 참전했을 때부터 그의 부장으로 참전하여 폼페이우스 정복에 큰공을 세운 군사적 후계자였다. 이처럼 안토니우스와 브루투스는 시저의 2인자인 동시에 내부인사와 외부인사라는 신분적 차이가 있었고, 정치와 군사로 그 세력권이 나눠진 상황을 맞이하고 있었다.

시저가 브루투스를 원한 까닭은 정치적인 이유에서였다. 정치적인 이유는 대개 외부여론 때문인데, 시저는 정권을 잡기는 했으나, 여론에서는 항상 폼페이우스에게 뒤졌다. 그것은 시저가 술책에 능한 야심가였기 때문이다. 정권을 쟁취하는 과정에선 여론이 중요하지 않지만, 정권을 잡은 뒤에 정책을 운영하기 위해서는 여론의 지지가 뒷받침되어야만 한다. 시저는 이를 위해 폼페이우스만큼 여론의 신뢰를 얻고 있던 브루투스를 영입함으로써 그 문제를 해결하려고 했다.

하지만 브루투스는 시저가 정권을 잡는 데 거의 기여한 바가 없었다. 마지막에 폼페이우스를 배신하는 것으로 시저에게 대세가 기울었다는 증거가 됐을 뿐이다. 그래도 시저는 브루투스에게 정치권력을 양도했다. 만약 브루투스가 조금만 더 세월을 기다렸더라면 시저의 나이와 병약한 육체를 고려했을 때 멀지 않은 시기에 브루투스는 시저의 권력을 이어받아 로마의 1인자가 되었을 것이다.

그러나 브루투스와 같은 영입파는 늘 자신의 지위에 불안을 느낀다. 외부에서 영입된 인사들은 일종의 수혈이다. 수혈은 환자의 생명을 위기에서 벗어나게 해주는 응급처치일 뿐, 평생토록 남의 피를 수혈 받으며 살 수는 없다. 이 점이 브루투스를 불안하게 만든 것이다.

그때 카씨우스가 브루투스를 충동질하기 시작했다. 카씨우스 또한 외부에서 영입된 인사로서 한때는 브루투스와 같이 폼페이우스의 잔당으로 활동했던 인물이다. 사이는 그리 좋은 관계가 아니었지만, 신변상의 위기가 감지되는 상황에서 옛 전우는 그나마 믿을 수 있는 몇 안 되는 동지였다. 이 카씨우스로 말하면 시저에 대한 사적인 원한이 많은 불평분자였다. 카씨우스는 옛 동지들을 규합해 시저를 암살하려고 했으나, 옛 동지들 중 상당수가 브루투스를 원했다.

　카씨우스는 브루투스를 암살에 가담시키기 위해서는 사적인 원한이 아닌, 공적인 원한을 그의 가슴속에 심어줘야 한다는 것을 알고 있었다. 카씨우스는 시저가 왕위에 오르려 한다는 명분으로 브루투스를 설득했다. 그러나 브루투스는 정치적으로 시저를 견제하면 된다고 생각했다. 자기를 살려준 은인을, 그것도 조직의 2인자로까지 받아들여준 시저를 죽일 수는 없었다.

　하지만 카씨우스는 집요한 인물이었다. 그는 시저의 궁극적인 목표가 공화정을 무너뜨리는 데 있다는 논리로 다시 한 번 브루투스를 설득했다. 이때쯤엔 브루투스도 시저를 제거해야겠다는 생각을 굳히던 중이었다. 조직의 2인자와 시저의 총애를 받고 있었지만, 자기가 영입되던 것처럼 언제 버려질지 모른다는 불안감이 브루투스의 역심을 충동질했다. 시저는 권력의 기반이라고 할 수 있는 군대만큼은 안토니우스 같이 무자비한 인물에게 맡기고 있는 점도 의심스러웠다. 시저의 정치적 지위를 물려받아도 안토니우스가 군대를 동원한다면 막아낼 재간이 없었다.

　몸에 맞지 않는 의복이 사람의 행동을 지배하듯, 어울리지 않는 권력이 브루투스의 생각을 지배했다. 브루투스는 시저를 제거하기로 마음먹었다. 그러나 이 암살이 내부적인 권력갈등으로 비춰질 경우, 브루투스는 여론의 뭇매를 맞게 될 위험이 높았다. 브루투스를 현재의 위치까지 끌어준 힘은 여론에서 나왔고, 그 여론이 브루투스를 지지한 까닭은 그가 양심세력을 대표한다고 믿었기 때문이었다. 하지만 시저에 대한 암살이 사람들 눈에 권력갈등으로 비춰진다면 자기에겐 명분이 없었다. 브루투스에겐 또 한 번 대의적인 명분이 필요했다. 그는 공화정을 지키려면 어쩔 수 없는 선택이라고 스스로를 합리화시켰다. 브루투스는 왕이 되고 싶어 하는 시저의 욕망을 문제 삼았다. 자기 목숨을 구해주고, 권력을 나눠주고, 어쩌면 친아버지일지도 모르는 시저를 암살하기 위해 브루투스는 법과 자유를 들먹인 것이다.

선택의 폭 - 안토니우스

우연의 일치인지 안토니우스도 반역을 꿈꾸고 있었다. 그러나 안토니우스의 반역은 브루투스와는 다른 의미의 모반이었다.

시저는 왕권을 노리기는 했으나, 평소 행동은 조금도 전제적인 데가 없었다. 로마인들이 시저가 왕이 될지도 모른다는 불안감을 느낀 까닭은, 그래서 시저를 죽인 브루투스에게 성원을 보낸 원인은 상당부분 안토니우스에게 있었다.

시저로부터 군권을 위임받은 안토니우스는 말 그대로 안하무인이었다. 폭력과 여색에 길들여졌던 그의 운명이 드디어 권력의 맛을 제대로 알게 된 것이다. 안토니우스는 주군인 시저보다 더 많은 권력을 행사했다. 그의 군대는 폭군이나 다름없었다. 대낮에 약탈을 벌이고, 노상에서 사람을 죽였지만, 시저는 안토니우스의 군사적 재능이 필요했기에 너그럽게 용서해주었다. 이렇게 되자 사람들은 시저가 왕이 될 욕심으로 벌써부터 전제적인 권력을 휘두른다고 불평했고, 안토니우스가 범죄를 저지를수록 원망은 시저에게로 향했다. 이 같은 여론이 브루투스의 대의명분에 힘을 실어준 것은 두말할 나위도 없다.

안토니우스는 시저의 명령 없이도 필요하다고 판단되면 군대를 동원할 권리가 있었다. 이 권리를 얻기까지 안토니우스는 전쟁터에서 피를 흘렸고, 사람들에게 경멸을 받았으며, 시저에게 개처럼 복종해야 했다. 자신의 피와 땀으로 거둔 성과에 안토니우스는 자부심을 느꼈다. 이 자부심이 마침내 그에게 넘봐서는 안 될 곳까지 넘보게 만들었다. 늙고 병든 시저의 자리가 탐난 것이다.

브루투스가 영입된 인사로서 그 직위에 불안을 느끼고, 이념적인 갈등을 핑계삼아 암살을 계획했다면, 조직내부에서 성장한 안토니우스는 정당한 정권교체가 이뤄져야 한다고 생각했다. 그에겐 군부라는 힘이 있었고, 이 힘은 그의 노력과 조직의 신뢰를 바탕으로 이룩된 권력이었다. 힘은 많이 가질수록 써보고 싶은 충동을 느끼게 되는데, 안토니우스의 역심은 브루투스처럼 치밀한 계획과 목적 아래 시도되기에는 무리가 있었다. 왜냐하면 안토니우스는 단지 팽배해진 힘을 써보고 싶은 데 불과했기 때문이다.

명분의 중요성

안토니우스가 내밀히 병력을 집결시켜 시저를 전복시킬 계획을 세우고 있다는 소식이 시저 본인에게도 전해졌다. 거의 비슷한 시기에 브루투스와 카씨우스가 모반을 계획 중이라는 첩보도 입수되었다. 하지만 시저는 이들 보고를 대수롭게 여기지 않았다. 안토니우스는 힘이 있지만 머리가 없고, 브루투스는 머리가 있지만 힘이 없다고 판단했기 때문이다. 안토니우스와 브루투스에 대한 시저의 평가는 비교적 정확했으나, 사태판단은 완전히 잘못 짚고 말았다.

실제로 안토니우스는 힘을 가누지 못했다. 시저에게 대항하는 것은 고사하고, 그가 이끄는 군 내부에서 안토니우스의 지도력을 의심하는 목소리가 나오기 시작했다. 안토니우스의 둔감한 머리는 평상시엔 거의 쓸모가 없다는 것을 병사들도 인식하게 되었다.

하지만 브루투스는 달랐다. 시저는 브루투스가 힘이 없다고 판단했는데, 바로 그 점이 브루투스를 불안하게 만들었다. 브루투스는 공화정을 수호해야 한다는 정의로운 명분에 어울리지 않게 암살을 수단으로 선택했는데, 이 때문에 브루투스는 시저를 살해한 후 안토니우스에게 주도권을 빼앗기고 말았다. 브루투스처럼 명분을 중요하게 여기는 사람이 그 명분을 공적으로 만들어주는 수단에 소홀했다는 점에서 암살계획이 브루투스의 운명을 결정지을 만큼 커다란 변수로 작용한 것은 어찌 보면 당연한 일이었다.

게다가 브루투스는 카씨우스 등 소수의 불평분자들과 함께 행동했다. 조직의 최고권력자를 전복시킬 작정이었다면 먼저 내부에서 상당한 지원세력을 형성했어야 함에도 불구하고, 브루투스는 외부에서 영입된 소수의 인사들과 함께 시저를 암살해버렸다. 결국 이 사태로 시저의 권력은 일순간에 무너졌으나, 훗날 안토니우스는 브루투스가 했던 것과 똑같은 방법으로 시저의 잔당들을 규합해 내부에서부터 브루투스를 전복시키는 전술을 채택하게 만드는 빌미를 제공하고 말았다.

대중의 지지를 끌어내고, 자신들의 명분을 세상에 알리기 위해서는 대낮에, 그것도 공공장소에서 시저를 암살해야 했다. 브루투스 일파는 원로원을 선택했다. 암살 당일 시저가 원로원 회의를 주재하자, 브루투스 일파 다섯 명이 시저 앞에 나와 엉뚱한 말로 그를 화나게 했다. 이에 시저가 참지 못하고 회의를 종결시키려 했다. 그 순간 틸리우스란 자가 시저가 어깨에 걸친 옷을 벗겨버렸다. 이것이 신호였던 것이다. 시저의 뒤에 서 있던 카씨우스가 제일 먼저 단도로 내리쳤다. 이어서 대여섯 명이 한꺼번에 달려들었고, 그 중에는 시저가 그토록 믿고 아꼈던 브루투스도 이성을 잃고 칼을 휘둘렀다. 음모자들은 한덩어리가 되어 시저를 때리고, 칼로 찌르다가 서로 상처를 입히기도 했다. 브루투스도 상처를 입었다. 시저의 피인지, 자기들끼리 흥분해서 찔린 상처의 피인지 모르겠으나, 모두 피투성이가 되었다.

위협, 몸부터 숨겨라

시저를 살해한 브루투스 일파는 곧 광장으로 나가 시민대회를 열었다. 시저가 죽은 것을 알고 시민들은 큰 혼란을 일으켰다. 나라에 또다시 정변이 발생한 줄로만 알았다. 예상했던 것보다 시민들이 크게 동요하자 브루투스는 당황했다. 여기서 그는 첫 번째 실수를 저지르는데, 시민들을 안심시키기 위해 오직 시저를 제거하는 것이 유일한 계획이었으며, 시저와 관계된 사람은 누구를 막론하고 자유롭게 생활할 권리를 보장해주겠다고 선포했다. 당시 로마에서 귀족과 일반 평민들 중 시저로부터 도움을 받지 않은 사람은 거의 없었다. 소요는 곧 잠잠해졌고, 브루투스는 공화정과 로마의 자유를 위해 시저를 살해할 수밖에 없었다는 연설을 짧게 마쳤다. 시민들은 더 이상 사람이 죽지 않아도 된다는 현실에 만족해 브루투스의 공로를 인정하기로 했다.

공교롭게도 시저가 원로원에서 살해되던 날, 안토니우스는 시저에게 불만을 품고 원로원 회의에 참석하지 않았다. 그때 시저가 브루투스에게 살해됐다는 소식을 듣고, 안토니우스는 상황을 파악해볼 생각도 하지 않고, 노예의 옷으로 갈아입고 사창가로 도주하는 비열함을 보였다. 그가 만약 암살단은 다섯 명에 불과하며, 군대도, 지지세력도 거의 없는 브루투스 일파의 단독소행이라는 것만 제때 파악했더라면 다시없는 좋은 기회였을 것이다. 하지만 안토니우스는 성격상 앞뒤를 가리는 분별력이 결여되어 있었기 때문에 시저가 죽었다는 소식을 듣고는 먼저 도주부터 했다.

브루투스가 숙청은 하지 않겠다고 공표한 것을 듣고 제일 먼저 그들 앞에 나타난 사람도 안토니우스였다. 이때 브루투스는 안토니우스부터 제거하는 것이 옳았다. 또 브루투스는 안토니우스를 제거할 생각이 있었다. 하지만 카씨우스가 반대했다. 카씨우스는 안토니우스를 용서하고, 그를 받아들여야 한다고 주장했다. 표면적인 이유는 안토니우스가 시저의 군대를 총괄하는 군부의 핵심이며, 또 안토니우스 같은 시저의 측근을 살려줌으로써 이번 암살의 대의가 무엇인지 증명해 보일 수 있기 때문이라고 말했으나, 사실은 안토니우스가 브루투스를 만나기 전에 카씨우스를 집으로 초대해 성대한 잔치를 벌이고, 앞으로 그의 후원자가 되어 브루투스를 밀어내는 데 진력하겠다고 약속했기 때문이었다.

혼란은 행동하는 리더의 기회다

시저 같은 거물을 제거했을 때, 조직내부의 출혈은 각오하는 것이 마땅하다. 과거의 몰락이 완결되려면 과거의 집단이 희생되어야 한다. 하지만 브루투스는 몇 가지 실수를 범했는데, 첫째는 안토니우스를 살려준 것이고, 둘째는 카씨우스 같은 야심가와 손을 잡았다는 점이었다.

이렇게 해서 안토니우스는 시저가 살해되는 와중에도 자신의 세력을 그대로 유지하는 데 성공했다. 확실히 혼란은 이기적이고, 폭력적인 인물에게 더 많은 기회를 부여하는 것 같다. 브루투스가 시저 사후 혼란해진 로마를 재정비하는 데 정력을 기울인 반면에 안토니우스는 시저의 잔당들을 모아 시저가 살아있을 때보다 더 막강해진 힘을 자랑했다. 마치 안토니우스가 시저를 살해하고, 브루투스가 그 혼란을 수습하는 듯한 국면으로 상황이 전개된 것이다.

한 발 더 나아가 안토니우스는 직접 원로원을 소집하여 브루투스 일파에게 죄를 묻지 않을 것과 이들에게 토지를 하사할 것 등을 제안하여 통과시켰다. 이렇게 되자 안토니우스는 하루아침에 시저 일파와 브루투스 일파를 화해시킨 로마의 수호자가 되어버렸다. 안토니우스를 극도로 증오하던 원로원마저 그에게 존경을 표했다. 브루투스로부터 용서를 받아야 할 자가 반대로 브루투스를 용서한 형국이 되었지만, 브루투스는 안토니우스가 소요를 일으키지 않고 신사답게 행동했다며 만족했다.

원로원의 고집스런 귀족들까지 자기를 환영해주는 것을 보고 안토니우스는 슬슬 다른 마음을 품기 시작했다. 시민들의 지지도 브루투스와 비교했을 때 그다지 떨어지는 편은 아니었다. 실제로 로마인 중에는 브루투스 같은 교양과 식견을 가진 인물이 암살이라는 잔인한 수법으로 시저를 제거했다는 데에 실망하는 사람들이 많았다. 게다가 자신에겐 군대가 있다. 브루투스와 대립할 명분만 주어진다면 로마에서 제일 가는 인물이 되는 것도 시간문제였다.

이때 브루투스는 또 한 번 실수를 저지르는데, 안토니우스에게 시저의 장례식을 맡긴 것이었다. 브루투스는 시저의 장례식만은 치르지 않기를 바랐다. 자신의 손으로 죽인 정적을 사람들 머릿속에 환기시켜봤자 좋을 게 없다고 판단했기 때문이다. 하지만 안토니우스는 시저의 장례식을 몰래 치르거나, 생전에 그가 이룩한 업적에 걸맞지 않게 간소화하면 시민들을 자극하게 될지도 모른다고 경고했다. 안토니우스는 노예 옷을 입고 도주할 때의 안토니우스가 아니었다. 원로원과 군대의 지지를 받는 막강한 권력자가 된 것이다. 브루투스는 그의 말을 소홀히 여길 수가 없었다. 결국 안토니우스를 달래기 위해 그가 원하는 대로 장례식을 베풀도록 허락했다.

마침내 안토니우스에게 원하던 기회가 찾아온 것이다.

장례식날 아침의 비극

브루투스는 시저를 살해한 후 세 가지 실책을 범했다. 첫 번째는 안토니우스를 살려둔 것이고, 두 번째는 안토니우스가 원로원에서 연설을 하도록 내버려둔 것이고, 세 번째는 안토니우스에게 시저의 장례식을 맡긴 것이었다. 이 세 번의 실수는 모두 치명적이었다. 반대로 안토니우스에겐 세 번의 기회였다. 첫 번째 기회로 안토니우스는 시저의 잔당들을 휘하에 두었고, 두 번째 기회로 원로원과 시민의 지지를 획득했으며, 세 번째 기회로는 브루투스 일파를 공격할 명분을 얻었다.

장례식날 아침이 되자, 많은 시민들이 시저의 옛 집에 모여들었다. 더러는 그의 생전에 로마가 얼마나 부강했는지를 추억했고, 더러는 독재자의 마지막 모습을 궁금해했다. 안토니우스가 장례식에 앞서 연설을 시작했다. 그는 시저와의 사소한 일화들을 추억하며, 시민들의 마음을 누그러뜨렸다. 그리고 시저가 생전에 로마를 박해한 적이 있었느냐고 물었다. 시민들은 그런 적은 없다고 대답했다. 군중이 자기 연설에 감동하는 기색을 확인한 안토니우스는 피묻은 옷을 꺼내들었다. 시저가 살해되던 날 입었던 옷이었다. 그는 일일이 찢어진 부위를 가리키며 환갑이 가까운 노인네한테 젊은 브루투스 일파가 어떻게 이런 참극을 저지를 수 있느냐고 물었다. 시민들은 서서히 분노하기 시작했다. 안토니우스는 품에서 작은 종이쪽지 한 장을 꺼냈는데, 시저의 유언장이었다. 그 유언장엔 모든 로마인에게 약간의 돈이 돌아가도록 조처하라는 글이 쓰여있었다. 안토니우스는 이런 사람이 대역무도한 반역자냐고 외쳤다. 그때쯤엔 안토니우스가 말하지 않아도 시민들은 브루투스 일파를 학살자라고 부르며 시저의 시체를 광장에서 화장시켰다. 그리고 브루투스 일파의 집에 불을 지르자고 떠들어댔다. 사태가 한순간에 돌변한 것을 깨달은 브루투스 일파는 각자 군대를 이끌고 로마를 떠났다. 안토니우스가 노예 옷을 입고 사창가에 숨어들 때처럼 브루투스 일파 또한 상대방 전력에 대한 탐색 같은 건 생각해보지도 않았다.

  이렇게 해서 로마의 실권자가 된 안토니우스도 치명적인 실수를 저지른다. 시저의 조카이자 유산상속자인 옥타비아누스를 초청한 것이다. 안토니우스는 이미 로마의 권력을 장악하고 있었다. 굳이 옥타비아누스를 부르지 않아도 시민들은 그가 시저의 후계자라고 생각했다. 그런데 안토니우스는 옥타비아누스를 초청함으로써 시저의 후광이 더욱 빛날 것이라고 착각했던 모양이다.

이 옥타비아누스는 만만한 인물이 아니었다. 그는 로마에 도착하자마자 시저가 남긴 엄청난 유산을 현금으로 바꿔 군대와 원로원 의원들에게 마구 뿌려대기 시작했다. 그리고 안토니우스의 기대와 달리, 시저가 암살자들에게 살해된 것은 따지고 보면 안토니우스의 무뢰배 같은 행동에 시민들이 염증을 느꼈기 때문이라고 주장했다. 이렇게 되자 브루투스가 떠난 로마는 다시 안토니우스와 옥타비아누스로 나뉘게 되었다. 군대는 경매를 부르듯, 돈을 더 주겠다는 쪽으로 달려갔다. 이런 소식을 접한 브루투스는 지금이 기회라는 생각으로 카씨우스 등과 함께 로마로 진군했다.

브루투스와 안토니우스의 말로

브루투스가 공격해온다는 말에 안토니우스는 옥타비아누스와 손을 잡기로 했다. 반면에 브루투스와 카씨우스의 대립은 점차 노골적으로 심화되었다. 카씨우스는 성격적으로 시기심이 많았다. 안토니우스에게 죽는 것도 두려웠지만, 브루투스가 로마의 1인자가 되는 것도 두려웠다. 더구나 브루투스에게 그 같은 기회를 준 장본인이 자기였다는 생각만 하면 당장이라도 브루투스와 결별하고 싶었다.

한 번 길이 만들어지면 그것은 영원히 길이 된다. 한 번 배신하기가 어려울 뿐이지, 두 번째는 처음 갔던 그 길을 따라가기만 하면 되는 것이다. 브루투스와 카씨우스는 폼페이우스를 배반한 전력이 있다. 그것이 비록 공의를 따랐다고는 하지만, 인간관계를 따져볼 때 분명한 배신이었다. 그런 자들이 손을 잡았으니, 서로를 의심하는 것은 당연했다.

안토니우스와 옥타비아누스는 하루빨리 브루투스 일파를 제거하고, 서로 전쟁을 치르고 싶어 안달이 났다. 그들의 목적은 브루투스를 제거하는 것이 아니었다. 안토니우스는 옥타비아누스를, 옥타비아누스는 안토니우스를 제거하는 것이 최후의 목적이었다. 하지만 그 전에 브루투스를 몰락시켜야 했다. 내분에 휩싸인 군대와 더 큰 목표가 설정된 군대와의 싸움은 그 결과가 뻔한 것이다. 브루투스는 적과의 싸움보다 카씨우스와의 신경전으로 더욱 괴로워했다. 마지막에 두 사람 모두 안토니우스와 옥타비아누스에게 큰 패배를 당하자, 자살로써 생을 마감했다. 브루투스와 카씨우스는 전형적인 군인이 아니었기에 패배를 어떻게 극복해야 하는지 미숙했다. 그들은 스스로 적들이 가장 원하는 곳에서 싸움을 벌였고, 종국에는 비참하게 죽고 말았다.

이제 로마는 안토니우스와 옥타비아누스의 차지가 되었다. 두 사람은 브루투스를 제거한 후에도 십여 년간 내란을 거듭했다. 그러나 최후의 승자는 옥타비아누스의 차지가 되었다. 안토니우스는 성격적으로 후계자가 될만한 인물은 아니었다. 시류에 동화되는 그의 성품은 때를 만나면 크게 융성하지만, 때를 잘못 만나면 나락으로 곤두박질쳤다. 안토니우스와 옥타비아누스의 차이는 스스로 필요한 때를 만드느냐, 그렇지 못하느냐의 차이였다. 그 차이가 안토니우스에겐 멸망으로 돌아왔고, 옥타비아누스에겐 황제의 보좌로 돌아왔다.

후계자 선택의 중요성

안토니우스와 브루투스는 후계자의 두 단면이다. 안토니우스는 조직의 내부에서 승계된 2인자였고, 브루투스는 조직의 필요로 인해 외부에서 유입된 2인자였다. 브루투스의 가담으로 시저는 여론과 윤리적 명분을 얻었고, 브루투스 자신은 정치적 권한을 얻었다. 하지만 그 시대의 가장 큰 힘이라고 할 수 있는 군대는 여전히 안토니우스의 차지였다.

브루투스가 시저를 살해하지 않았다면, 시저는 분명 브루투스에게 권력을 양도했을 것이다. 안토니우스보다는 브루투스가 자질이나, 인격적인 면에서 더 월등한 것은 사실이었기 때문이다. 그러나 군대라는 막강한 힘을 보유한 안토니우스가 순순히 그 뜻을 따라줬을지는 미지수다.

안토니우스와 브루투스의 생애를 살펴보면서 리더는 결국 사람이라는 생각을 하게 된다. 리더십은 그 사람의 성품이 결정한다. 따라서 사람이 바뀌면 그 조직도 바뀔 수밖에 없다. 시저에겐 브루투스가 필요했지만, 브루투스는 시저와 다른 사람이었다. 자연히 시저의 성품에 익숙한 조직원들은 브루투스의 전혀 다른 성품에 심한 불안감을 느꼈을 것이다. 그 불안감이 브루투스를 자극했고, 브루투스는 몸에 맞지 않는 옷을 입고 거리로 뛰쳐나가는 불행의 주인공이 되었다.

안토니우스는 내부에서 조금씩 기반을 닦아 2인자의 자리까지 차지했다는 점에서 주목을 끈다. 권력승계로서는 가장 완벽한 시나리오라고 생각된다. 하지만 안토니우스는 너무 오랜 세월을 시저의 그늘에서 지냈다. 안토니우스는 시저도 무시할 수 없는 권한을 움켜쥐고 있었는데, 2인자로서의 권력에 익숙해진 나머지 정변이 발생했을 때는 나약한 모습을 보이고 말았다.

브루투스와 안토니우스의 생애를 지켜보면서 후계자를 선택하는 일이 얼마나 중요하고, 또 힘든 결정인가를 알게 된다. 무엇보다 후계자의 위치에서 그 자리를 지켜나가는 것이 얼마나 힘든 일인가를 새삼 절감하게 된다.

맺음말

시대가 원하는 리더의 조건

리더는 사랑 받기 위해 태어난 자가 아니다

세상을 지배하는 것은 정글의 법칙이다. 약한 자는 삼켜지고, 강한 자는 폭식을 누린다. 이 섭리는 어떻게 받아들이느냐에 따라 정글을 낙원으로 만들 수도 있고, 지옥으로 만들 수도 있다. 정글이 낙원 같은 곳이 되려면 리더는 정글에서도 가장 탐욕적인 게임 플레이어가 되어야 한다. 그는 집단의 생존을 위해, 그 전에 리더라는 자신의 위치를 지켜내기 위해서라도 잔인한 게이머가 되어 능력을 보여줘야만 한다.

게임의 승패는 세 가지로 결정된다. 첫째는 계획, 둘째는 노력, 셋째는 행운이다. 스포츠, 전쟁, 정치, 비즈니스는 생존게임이다. 이 게임에서 승리하기 위해서는 먼저 법칙을 이해한 후 철저하게 계획을 설정하는 것이 필수다. 그리고 이 계획을 마지막까지 실천하려는 의지가 필요하며, 이 모든 과정을 보완해주는 약간의 행운이 요구되는 것이다.

계획은 누구나 세울 수 있고, 노력도 마음만 따라주면 가능하다. 그러나 행운은 원한다고 해서 항상 찾아오는 것이 아니다. 조직이 리더를 필요로 하는 까닭은 바로 이 행운 때문이다. 리더는 행운을 불러오는 사람이어야 한다.

계획과 노력만으로는 승리자가 될 수 없다. 계획과 노력이 승리의 충분조건이라면 이 세상에 낙오자는 존재하지 않을 것이다. 그렇다면 승패를 가늠하는 최후의 보루는 결국 행운이란 뜻이 된다. 리더가 조직을 위해 할 수 있는 일은 행운을 쟁취해오는 것뿐이다.

계획을 세우고, 이를 실천하는 것은 굳이 리더가 솔선수범하지 않아도 뛰어난 조직원들로 커버할 수 있다. 그러나 이 행운만큼은 철저하게 리더의 몫으로 남는다. 어떤 성격의 조직이든 리더의 행운을 바라지 않는 조직은 없다. 나폴레옹은 자신의 전략에 대해 '어떻게 하면 더 좋은 운을 만들어낼 수 있는지를 결정하는 순간'이라고 정의했다. 시저가 안토니우스를 사랑한 까닭은 안토니우스가 '재수가 좋은 놈'이었기 때문이다.

그렇다면 행운은 어떻게 리더의 편이 되는가.

행운의 속성은 간단하다. 남의 불행이 곧 나의 행운인 것이다.

이는 승리의 속성과도 비슷하다. 적이 패배했다는 것은 내가 승리했다는 것과 마찬가지다. 모든 빛은 필연적으로 그림자를 드리운다. 이 세상에 빛만 존재한다면 인간은 어둠이 존재한다는 사실을 깨닫지 못했을 것이다. 행운과 불행을 판단하는 리더의 머릿속도 이와 같은 체계로 가득해야 한다. 적의 불행을 간파해내지 못하는 리더는 아군의 행운도 깨닫지 못한다는 것을 명심해야 한다.

그러나 리더는 적이 불행해질 때까지 기다려선 안 된다. 필요하다면 적을 불행하게 만들어야 한다. 리더가 맞서 싸워야 할 적은 아주 다양하다. 조직내의 라이벌, 호시탐탐 나의 위치를 노리는 2인자 집단, 구성원들의 획일적인 사고방식, 윤리적 나태로 인한 구성원간의 대립 등 조직의 발전과 리더의 장기집권에 걸림돌이 되는 모든 조건과 환경들이 리더에겐 물리쳐야 할 적들이다. 그러므로 리더라는 위치는 사랑할 때보다 증오할 때가 더 많을 수밖에 없다.

리더가 적을 지명하고, 전쟁을 선포하면 조직엔 긴장감이 감돈다. 리더와 조직구성원들의 1차적인 관계는 동반자가 아닌 경쟁자다. 리더도 한때는 그들과 같은 조직구성원에 불과했기 때문이다. 리더의 능력은 구성원들에게 신뢰를 얻는 동시에 두려움을 안겨줘야 한다.

리더로서 조직원들에게 최고의 능력을 보여줄 때는 지명한 적들을 서슴없이 물리칠 때다. 그것이 조직원들에게 경쟁자로서의 두려움을 준다. 두려움은 리더에 대한 복종을 낳고, 조직원들의 철저한 복종은 더 많은 적을 물리치는 데 가장 유용한 전술이 된다.

리더에게 필요한 것은 사랑이 아니라 두려움이다.

리더는 사자처럼 투쟁하고 여우처럼 쟁취해야 한다

리더십의 본질은 이기적인 욕망이다. 따라서 가장 이기적인 인물이 리더의 자리에 오른다. 이것은 역사가 증명한 불변의 법칙이다. 겸손한 인격과 자애로운 희생정신으로 구성원들의 절대적인 지지를 받은 파비우스마저도 한니발과의 전쟁 앞에서는 무자비한 이기주의자로 변모했다. 리더의 욕망은 곧 조직의 승리다. 조직의 승리는 리더에게 더 많은 권한과 명예를 선사한다.

조직에겐 승리가 절대적이다. 패배를 통해 지속되는 조직은 없다. 따라서 구성원들이 원하는 리더는 자신들에게 승리를 약속할 수 있는 리더다. 그들은 자신들에겐 온화하고, 적에겐 잔인한 리더를 원한다. 실제로도 끊임없이 투쟁해온 자들만이 리더의 권리를 획득했다.

투쟁에서 살아남으려면 적의 본성과 나의 본성을 확실하게 인지해야만 한다. 적을 알고 나를 모르면 무모한 전투의 희생양이 될 뿐이며, 나를 알고 적을 모르면 발휘한 능력보다 작은 성과에 만족해야 될지도 모른다.

생물을 움직이는 것은 그 본성이다. 초식동물은 잡초 몇 포기로도 배를 채울 수 있지만, 육식동물은 굶어죽는 한이 있어도 풀 따위는 씹어 삼키지 못한다. 인간도 생물계의 일원이므로 본성이란 것이 있다. 인간의 본성은 잡식성이다. 인간은 잡초 몇 포기로 배를 채우는 것도 가능하고, 경우에 따라서는 같은 종족을 먹어치우는 패륜적인 범죄도 일상화시킬 수 있다.

사회라는 곳은 결국 이 약육강식의 시스템이 적용되는 거대한 아프리카 초원이다. 번듯한 양복을 입고, 핸드폰으로 의사소통을 하고, 최고급 세단으로 출퇴근하지만, 먹는 자와 먹히는 자로 나뉘는 것은 아프리카의 세렝게티 국립공원과 다를 게 없다.

그 중에서도 리더라는 위치는 자연계의 순환고리에서 언제나 최정상을 유지한다. 리더라는 종(種) 자체가 공격적인 포식성을 갖고 있기 때문이다.

아프리카의 사자들은 인간사회 못지 않은 군락을 이루고 살아간다. 공동체의 구성원은 여러 마리의 암컷들과 새끼이며, 숫사자 한 마리가 리더로서 군림한다. 그러나 이 숫사자의 평균 재임기간은 길어야 2~3년에 불과하다. 암사자가 자기의 혈통을 이어받은 새끼를 출산하고 성장시킬 때쯤이면, 다른 숫사자에게 권력을 빼앗기는 순환고리가 여지없이 적용된다.

숫사자들의 권력싸움은 인간의 정쟁 이상으로 치열하다. 무리로부터 독립한 젊은 숫사자는 비슷한 또래의 라이벌들과 결합하여 아프리카 곳곳을 몇 년씩 유랑한다. 자기에게 적합한 암사자 무리를 찾아다니는 것이다. 그러다 보면 늙고 노쇠한 숫사자가 지배하는 암컷 무리를 만나기 마련인데, 치밀한 계획 하에 늙은 숫사자를 몰아내고 그가 남긴 새끼들을 모조리 죽여버린다. 암컷들로 하여금 지나간 세월을 반추하지 못하도록 사전에 방지하기 위해서다. 또 이 어린 새끼들이 지금은 약하고 불쌍해 보여도 불과 몇 달만에 자기의 목을 죄어올 수도 있다는 것을 본능적으로 깨달았기 때문이다.

숫사자의 생태는 다른 숫사자가 지배하던 암컷 무리를 빼앗아 권좌에 오르는 게 유일한 생존목표이자, 수단이다. 성공하면 최소한 2년 가량은 먹이걱정 없이 살 수 있기 때문이다. 그 대신 경쟁이 너무나도 치열하다. 일종의 레드오션(red ocean)인 셈이다.

여우의 경우는 정반대다. 무리에서 독립한 여우들은 미개척지를 찾아 떠난다. 다른 여우들이 살지 않는 곳에 새로운 보금자리를 만드는 것이다. 여우라는 짐승은 워낙 적응력이 뛰어나서 산림에서 자라난 녀석도 기후가 다른 사막과 초원 지대에 쉽게 적응하곤 한다. 여우의 생태는 같은 동족끼리의 갈등을 최소화하는 방법이다.

인간사회에 적용해본다면 사자의 생태는 내부경쟁이 치열한 거대조직이라고 할 수 있다. 리더의 자리는 하나이며, 그 권한도 막강하지만, 경쟁이 너무 치열해서 그 자리까지 오르는 것이 쉽지도 않을뿐더러 설령 차지했다고 하더라도 곧 밑에서 새로운 경쟁자들이 치고 올라오는 투쟁의 연속이다. 이 같은 경쟁은 내부적으로는 구성원들의 자질을 향상시킨다는 장점이 있다. 사자 또한 끊임없는 투쟁으로 고양이과 맹수 중에는 가장 막강한 힘을 갖게 되었다.

그러나 정해진 몫이 언제나 동일하기 때문에 그만큼 출혈도 심각하다. 경쟁에 비해 수당이 너무 적은 것이다.

사자는 투쟁에서 승리하는 데엔 익숙하지만, 여우처럼 새로운 개척지를 자신의 왕국으로 삼는 데는 미숙하다. 여우는 아무도 건드리지 않은 황무지를 개간할 줄 알지만, 그곳에서 맞닥뜨리는 새로운 투쟁에선 언제나 약자의 위치다.

인간은 생각하고 배우는 동물이다. 사자의 경우에서 투쟁을 배우고, 여우에게선 아무도 가지 않은 곳을 개척해 새로운 지배자가 되는 것이 가능하다.

인간에게 가능한 일이라면 인간이 모인 조직에서도 가능하다. 사자와 같은 능력으로 사자무리의 일원이 되는 것은 인간에겐 손해를 뜻한다. 특히 그 사자가 조직이며, 당신이 그들의 리더라면 여우들이 지배하는 곳으로 눈을 돌려야 한다. 사자와 싸울 수 있다는 이유로 사자들이 우글거리는 곳에서 경쟁할 필요는 없는 것이다.

리더는 언제라도 악마가 될 준비를 해야 한다

리더는 지배자다. 지배자라는 직책엔 조직을 운영하고 관리해야 한다는 사명이 주어진다. 이 사명을 지켜내기 위해선 구성원들의 믿음과 복종이 절대적이다. 조직원들은 리더에게 한없이 부드러워지기를 요구한다. 마치 자기들의 리더가 천사라도 되는 것처럼 넓은 아량과 분노할 줄 모르는 따뜻한 마음을 시도 때도 없이 요구하는 것이다.

하지만 리더는 조직원들이 왜 자신에게 그런 유약함을 요구하는지 그 내면에 감춰진 욕구를 깨달아야 한다. 리더와 조직원의 관계는 어디까지나 경쟁자다. 리더가 무너지면 조직원들 중 한 명이 그 자리를 대신할 것이다. 즉 리더의 파멸이 그들에겐 더 없는 기회가 되는 셈이다. 따라서 천사의 날갯짓만으로는 리더십을 발휘할 수 없다.

조직은 생명체처럼 유기적인 성질을 갖고 있다. 인간의 몸에 수많은 신체기관들이 존재하는 것처럼 조직 내부에도 서로 개연성을 주고받는 각각의 부서들이 존재한다.

신체의 각 장기마다 양질의 세포만 수두룩한 것은 아니다. 우리

몸엔 머리부터 발끝까지 이름도 다 외울 수 없을 만큼 엄청난 양의 세균들이 기생하고 있다. 이 세균들 중에는 인체의 면역력을 높여주는 선한 세균도 있고, 어딘가에 잠복해 있다가 원하는 여건만 조성되면 하루아침에 온갖 질병들로 변질되는 악한 세균도 있다. 이를 사전에 제거하기 위해 백혈구들은 수명이 다 하는 그날까지 전투를 벌인다. 하루동안에도 세균과 백혈구 사이에는 온갖 종류의 전투가 발생한다. 추격전부터 백병전, 공중전, 해전, 함포사격 등 전투의 종류도 무궁무진하다. 인간이 호흡하는 순간마다 새로운 세균이 침투하고, 백혈구들은 이 세균들을 쫓아다니는 것이다.

조직의 세균은 불안요소다. 이들 불안요소는 적시에 제거하면 구성원들의 의식을 재무장시키는 등 면역력을 높일 수 있지만, 제거할 시기를 잘못 판단하여 조금 이르거나, 조금 늦어지면 엄청난 파괴력으로 되돌아온다.

조직의 불안요소는 외부적인 마찰 등에서 빚어지는 경우도 있지만, 대부분 내부에 산적해 있는 문제점들이 더 큰 요인으로 작용한다.

리더는 조직의 불안요소 앞에서는 주저하지 않고 악마가 되어야 한다. 세균에게 백혈구는 악마의 동일어다. 그러나 백혈구가 세균과 세포를 구분하지 못한다면 세균에 의한 잠식보다 더 큰 혼란이 인체 내부에서 초래될 것이다. 세균은 생존을 위해 최대한 세포의 형상과 비슷한 모습을 갖추고 있기 때문에 더욱 주의해야 한다. 리더 역시 이 점을 인식해야 한다. 악마가 되기 전에 무엇이 세균이며, 무엇이 세포인지를 구별하는 눈부터 가져야 하는 것이다. 그 같은 눈을 갖지 못할 경우 자칫하면 진짜 악마가 될 수도 있다.

리더에겐 평화로운 시기야말로 전쟁이다

리쿠르고스는 평화시에 더 엄격한 지도자였다. 그 결과 스파르타 백성들은 전쟁을 두려워하지 않았다. 스파르타인들은 평소 생활이 곧 전시나 다름없었기 때문이다.

막상 전쟁이 벌어져야만 리더는 분주하게 돌아다닌다. 그러나 전쟁의 승리는 언제나 준비된 자들의 것이다. 그러므로 가장 평화로울 때 전쟁을 준비하는 습관에 길들여져야 한다.

피지배자가 전쟁을 두려워하는 것은 전시라는 상황이 억압적이고, 맹목적이며, 어떤 위험이 닥쳐올지 예측 불가능하기 때문이다. 이는 말에 비유할 수 있는데, 처음 대면한 말과 친해지려면 당근보다 좋은 방법이 없다. 그러나 말을 달리게 하는 것은 결국 채찍이다.

많은 기수들이 연습할 때는 당근을 쓰고, 시합 때는 채찍을 휘두른다. 이렇게 되면 말은 주인이 이중적이라고 생각한다. 그리고 시합을 두려워하게 된다. 시합은 말에게 고통이기 때문이다. 아무리 연습에서의 성적이 뛰어나도 시합을 두려워한다면 그 말은 가치가 없다.

하지만 훈련기간에 채찍을 휘두르고 시합 때 당근을 준다면 말은 주인에게 더욱 복종할 것이다. 그보다 더 중요한 것은 말이 시합을 즐기게 된다는 점이다. 시합을 즐기는 말은 승리하는 법을 터득하게 된다. 승리는 더 많은 시합과 이어진다는 것을 깨닫기 때문이다.

리더는 구성원들을 자기가 원하는 목적에 맞게 단련시키는 능력이 있어야 한다. 지금보다 더 뛰어난 능력을 구성원들에게 요구하는 것이다. 구성원들은 비유컨대 말과 같다. 시합에 나가는 것은 리더지만, 달리는 것은 결국 말이다. 말을 어떻게 훈련시키느냐에 따라 리더는 승리자가 될 수도 있고, 말에게 더 큰 포상을 안겨줄 수도 있다.

말을 때린다고 더 빨리 달리는 것은 아니다. 그러나 때리지 않으면 달리지 않는다. 리더는 당근과 채찍을 적절히 사용해야 한다. 뛰어난 기수는 당근과 채찍을 쓰지 않고도 말을 다룬다고 하지만, 그것은 자기가 직접 키운 애마에 해당하는 얘기다. 리더에겐 어떤 말이 주어질지 모른다. 또 이 말을 타고 언제 시합에 나가게 될지도 모른다. 그렇기 때문에 채찍이 필요하다. 리더에게 중요한 것은 시합이다. 연습은 시합을 위해 존재한다. 연습 때 함부로 포상하는 것은 말에게서 승리의 필요성을 앗아갈 위험이 크다.

리더에겐 훈련에 능한 병사보다 실전에 능한 병사가 필요하다. 실전에 능하려면 우선 실전을 즐기는 마음이 필요하다. 실전을 즐기는 마음이 당근만으로 생기는 것은 아니다. 실전이 훈련보다 즐겁다는 인식이 필요하다. 병사들로부터 그런 마음을 이끌어내는 것이 바로 리더십이다.

리더가 되는 것보다 유지하는 것을 원해야 한다

리더가 되는 것과 리더로서 권력을 유지하는 것은 별개의 문제다. 우리사회는 리더십의 부재로 몸살을 앓고 있지만, 그렇다고 우리사회에 리더가 없는 것은 아니다. 다시 말해 리더는 있지만 리더십은 사라진 시대를 살아가고 있는 것이다.

리더십은 기본적으로 권력욕이다. 이 욕망은 타인에게 지배되는 것보다 타인을 지배하는 데서 더 큰 만족을 느낀다. 그러나 핵심적인 문제로 파고 들어가면 권력욕의 시작은 내가 나를 지배하는 데서부터 시작된다는 것을 알게 된다.

이것이 바로 리더십의 핵심이다. 그렇기 때문에 리더십은 대단히 수동적일 수밖에 없다. 리더라는 위치는 조직의 사활을 책임진 자리이며, 남보다 앞장서서 판단하고 결정하는 자리이지만, 그 본질이 되는 리더십은 결국 남에게 지배당하고 싶지 않다는 개인적인 욕망에서 출발하는 것이다.

누군가로부터 지배받지 않기 위해서는 누군가를 지배하는 것이 최선의 선택이다. 그리고 누군가를 좀 더 오랫동안 지배할수록 타인의 지배에서 벗어나는 시간도 그만큼 길어진다. 그런데 지배의 결과가 나쁘다면 사람들은 나를 지배하려 들 것이다. 그래서 리더는 자신이 이끄는 집단의 욕구를 충족시키는 데 매진하게 된다. 그것이 리더를 조직의 성공을 위해 헌신하는 사람처럼 보이게 만든다. 따라서 리더십은 평가에 민감해질 수밖에 없다. 그것이 곧 리더십의 지속에 상당한 영향력을 발휘하기 때문이다.

이처럼 리더십은 내부가 아닌, 외부를 향한 시선이다. 그 외부를 향한 시선이 결국은 나를 발전시킨다. 그것이 리더십의 본질이다. 리더가 되고 싶다면 먼저 자기의 욕망에 충실해야 한다. 자기의 욕망에 충실하지 못한 인간이 타인의 욕망을 이해하고, 그들의 욕망을 충족시키기 위해 희생을 각오한다는 것은 스스로를 속이는 데에 불과하다.

권력을 개인의 욕망으로 변질시킨 술라와 테미스토클레스가 동시대의 인격적인 지도자들보다 더 위대한 역사를 창조했다는 것을 기억하기 바란다.

누구나 리더가 될 수 있다

이 책의 시작에서 언급했듯이 우리는 누구나 리더가 될 수 있고, 또 당연히 리더가 되어야 마땅하다. 이 책에 등장하는 인물들은 인간의 역사가 가장 찬란했던 시기를 치열하게 살아간 리더들이다. 우리가 알고 있는 수많은 리더십들, 예를 들어 커뮤니케이션, 솔선수범, 자기관리, 변화에 대한 대응력, 갈등조정, 팀워크 등은 리더에게만 필요한 조건들은 아니다. 개인의 삶이 보다 조화롭게 성장하려면 이들 조건들이 반드시 뒷받침되어야 한다. 즉 리더가 되는 최선의 길은 먼저 자기를 발전시키는 데 있다.

이 책을 통해 리더십에 대한 일반인들의 상식이 좀더 발전되기를 기대해본다. 우리는 리더십을 특정계층이 누리는 권력으로 치부하려는 경향이 있다. 조직을 이끌고 나가는 힘이 리더십이라는 1차원적인 의식이 아무렇지 않게 받아들여지고 있음은 안타까운 현실이다.

리더십은 개인의 인생을 주도적으로 좌우하는 인격적인 힘을 바탕으로 삼고 있다. 그런데 우리사회의 리더들은 자신의 삶조차 주도적으로 이끌지 못하는 자들이 많다. 그것이 곧 리더십의 부재라는 사회문제로 떠오르게 된 것이다.

　많은 사람들이 믿고 따랐던 훌륭한 리더십도 처음에는 자기 인생에 대한 주도권에서 시작했다. 영웅도 인간이다. 그들도 우리처럼 피와 살을 가진 나약한 존재에 불과했다. 하지만 그들의 생애는 동시대 사람들의 인생에 엄청난 영향을 끼쳤다. 그 시작은 그들이 적극적으로 자신의 삶에 개입했을 때부터였다.

　당신의 삶이 누군가에게 영향을 끼칠 수 있고, 그 영향에 의해 그의 삶이 조금이라도 변화되고 발전되기 원한다면 당신에겐 리더가 될만한 충분한 자격이 있다. 이 책에 등장하는 리더들도 처음엔 바로 그 같은 마음에서 출발했기 때문이다.